国家社会科学基金项目"世界社会主义与资本主义前途命运暨当代国际形势研究"（项目编号：18@ZH013）成果

国际金融
垄断资本主义论

王伟光　著

人民出版社

目 录
CONTENTS

前　言·· 1

国际金融垄断资本主义是垄断资本主义的最新发展,

　是新型帝国主义······································· 1

第一章　列宁主义和《帝国主义论》的当代价值 ·············· 1

　一、关于《帝国主义论》写作的历史背景 ················ 4

　二、关于《帝国主义论》的结构和主要内容 ············ 9

　三、关于学习《帝国主义论》应该掌握的重点 ·············· 11

第二章　科学认识当代资本主义的重要理论依据 ············· 16

　一、社会形态演变一般规律理论对于认识当代资本

　　主义的意义 ·· 16

　二、唯物史观大的"历史时代"理论对于认识当代

　　资本主义的价值 ····································· 25

第三章　资本主义历史时代所历经的不同历史阶段和发展

　　时期 ··· 31

　一、资本主义孕育阶段 ································· 33

1

二、资本主义确立阶段 ………………………… 35

三、资本主义成熟阶段 ………………………… 41

四、资本主义最高阶段 ………………………… 44

第四章 当今仍处于资本主义历史时代,仍处于垄断资本
主义发展阶段 ………………………………… 53

一、我们现在仍处于马克思主义所指明的资本主义历史
时代,仍处于列宁主义所判断的垄断资本主义发展
阶段 ……………………………………………… 53

二、资本主义及其代表性阶级资产阶级在上升期曾是
进步的、革命的 ………………………………… 59

三、资本主义及其统治阶级资产阶级步入衰落期,
成为落后的、反动的 …………………………… 60

四、资本主义无论处于任何时期,其剥削的本性都是
一如既往不可改变的 …………………………… 60

五、资本主义历史时代始终贯穿着两极分化、阶级
矛盾激化和激烈的阶级斗争 …………………… 61

六、资本主义历史时代始终贯穿社会主义与资本
主义、无产阶级与资产阶级的矛盾斗争主线 ………… 61

第五章 国际金融垄断资本主义,即新型帝国主义及其
新变化、新特征 ……………………………… 63

一、国际金融垄断资本的聚集与发展 ……………… 67

二、国际金融垄断资本主义是垄断资本主义最新发展
时期,是新型帝国主义 ………………………… 70

三、国际金融垄断资本主义鲜明的阶级特征 ……… 75

四、国际金融垄断资本主义向经济空心化、虚拟化

方向发展 …………………………………… 76

五、美国作为国际金融垄断资本主义最强的超级

大国,不断操纵世界经济治理权和世界政治统治权…… 79

六、国际金融垄断资本主义的帝国主义本性和特征

并无改变反而得到强化 ……………………… 82

七、国际金融垄断资本主义的阶级矛盾和阶级斗争发

生了新的变化 ………………………………… 83

八、国际金融垄断资本主义内部孕育了新的社会因素 …… 87

第六章 国际金融垄断资本主义,即新型帝国主义的新变化

没有根本改变其本性 ……………………… 91

一、国际金融垄断资本主义的垄断本质只是强化并

无根本改变 …………………………………… 93

二、国际金融垄断资本主义的本性仍是追求利润

最大化 ………………………………………… 94

三、国际金融垄断资本主义的资本主义本质关系并无

根本改变 ……………………………………… 94

四、国际金融垄断资本主义的资本主义经济危机并没

根除 …………………………………………… 95

五、国际金融垄断资本主义保留并强化了帝国主义

强权、掠夺、侵略的本性 …………………… 99

六、国际金融垄断资本主义的争霸斗争更加激烈……… 100

七、国际金融垄断资本主义没有改变资本主义必然

灭亡的历史趋势 …………………………… 102

八、国际金融垄断资本主义使得意识形态的较量更为

激化 ·· 107

九、国际金融垄断资本主义经济政治发展不平衡的

普遍规律仍起作用 ······························ 111

第七章　应当采取的国际斗争战略策略 ············ 114

参考文献 ·· 119

附一　运用马克思主义立场、观点和方法,科学认识世界

金融危机的本质和原因 ························ 125

附二　从国际金融危机反观社会主义的必然趋势和马克思

主义的生命力 ································ 152

附三　关于世界性新冠肺炎疫情与国际时局 ············ 164

前　　言

　　我们党在国际斗争和外事工作中始终坚持正确的理论、路线、方针和政策，在开展国际斗争和发展对外关系方面取得了一系列伟大成就。特别是党的十八大以来，在习近平外交思想的正确指导下，我国外事工作又取得了一系列伟大的历史性成就。但在对于国际问题研究和对外关系的某些方面也曾一度存在着"马克思主义失语""垄断资本主义、帝国主义失踪"等现象，譬如，有的热衷于运用西方资产阶级关于国际问题的理论来观察、分析、认识世界形势和国际关系，干扰了党和国家关于外交工作的正确路线、方针和政策，影响了党和国家的外事工作大局。

　　为了从思想上、理论上彻底批驳、清除某些错误认识，我试图运用马克思的《资本论》、列宁的《帝国主义是资本主义的最高阶段》分析和认识资本主义、帝国主义的立场、观点和方法，对当代资本主义、当代帝国主义加以剖析和判断。我研究的结论是，当代资本主义仍然是垄断资本主义，仍然是帝国主义，仍然是资本主义的最高阶段、最后阶段。垄断资本主义、帝国主义所具有的本性和特征，当代资本主义，即当代帝国主义都没有根本改变，并又出现了一系列重大的新变化、新特征。当代资本主义已经发展成为国际金融垄断资本主义,是新型帝国主义,其仍然是垄断资本主义,列宁所面对的垄断资本主义是私人垄断资本主义。垄断资本主义已经经过私人垄断资本主义时期(19世纪20世纪之交至20世纪40年代),国家垄断资本主义时期(第二次世界大战后至20世纪八九十年代),发展到国际金融垄断资本主义时期(20世纪末至今)。其出现标志着垄断资本主义,即帝国主义已经进入最新的发展时期,进入急速整体衰落时期。新型帝国主义同帝国主义一样,就是侵略、就是剥夺、就是战争,而且更为阴险、更为贪婪、更具侵略性、更具欺骗性,最终必然灭亡。

以上判断就是本书的总结论,但只是个人一管之见,以期引起更广泛深入的研究分析。我认为,应当从关于当代资本主义,即当代帝国主义的马克思主义的科学判断出发,以习近平新时代中国特色社会主义思想为指导认识国际形势、国际斗争和外事工作,这是制定国际斗争、外事工作一切方针、路线、战略、策略的基本出发点,一切行动都应从马克思主义的基本判断出发,从习近平外交思想出发。

在本书正文之后,我又选了三篇文章作为附一、附二、附三。附一,"运用马克思主义立场、观点和方法,科学认识世界金融危机的本质和原因",写作于2008年,发表于2009年;附二,"从国际金融危机反观社会主义的必然趋势和马克思主义的生命力",写作于2009年,发表于2010年;附三,"关于世界性新冠肺炎疫情与国际时局",写作于2020年,发表于2020年。这三篇文章是我力图运用马克思主义立场、观点和方法,分析判断2008年爆发的世界金融危机和2020年初爆发的新冠肺炎疫情及引发的国际时局变化,论述了当代社会主义、当代马克思主义以及当代资本主义的历史命运和发展趋势,也是对本书总判断、总结论的前瞻、佐证和附议,因有的文章的某些提法和使用的某些数据、事实已时过境迁,发生了变化,但并不影响这三篇文章的主要精神,故尊敬历史、并无改动,望读者谅解。

王伟光

2021 年 12 月于北京大有庄 100 号

国际金融垄断资本主义是垄断资本主义的最新发展,是新型帝国主义

  彻底搞清楚资本主义从哪里来、到哪里去,科学认清资本主义的本质、特征和发展变化规律,正确认识今天新的历史条件下的资本主义,即帝国主义的新变化、新特征,是制定并实施正确的国际斗争和国内建设的战略策略的基础和前提。

  当代资本主义发展到什么样的阶段,具有什么样的特征,还是不是帝国主义;列宁当年所判定的垄断资本主义,即帝国主义是资本主义的最高阶段,垄断资本主义,即帝国主义的本质与特征,还存在不存在;列宁由对垄断资本主义,即帝国主义的科学判断所得出的一系列马克思主义的科学结论还管不管用……对这重大问题必须给出正确的回答。我的这篇拙文立论:国际金融垄断资本主义是垄断资本主义的最新发展,是新型帝国主义,力图回答这重大问题。

第 一 章

列宁主义和《帝国主义论》的当代价值

列宁主义及其代表性著作《帝国主义是资本主义的最高阶段》（以下简称《帝国主义论》）仍然是科学认识当代资本主义，即当代帝国主义（以下部分省略"即当代帝国主义"）的最管用的思想武器。

马克思主义是工人阶级的世界观和方法论，中国共产党是工人阶级政党，必须坚持把马克思主义作为党的指导思想。作为指导思想的马克思主义，当然包括列宁主义。我们党始终把马克思列宁主义作为指导思想，写进党章，写进决议，贯彻到指导党的革命、建设和改革的实践进程中。

我们党对马克思主义称谓的使用一般是两种含义：一是特称的马克思主义。作为特称的马克思主义是指马克思、恩格斯所创立的马克思主义。二是通称的马克思主义。作为通称的马克思主义，包括列宁主义、毛泽东思想、中国特色社会主义理论体系、习近平新时代中国特色社会主义思想等马克思主义不断创新的成果。列宁主义则是马克思主义在垄断资本主义即帝国主义（以下部分省略"即帝国主义"）阶段的丰富和发展，是帝国主义阶段的马克思主义。毛泽东思想、邓小平理论、"三个代表"重要思想、科学发展观和习近平新

1

时代中国特色社会主义思想是中国化的马克思主义,是马克思主义与中国的实际相结合的理论成果。我们党一般都是在通称意义上使用马克思主义称谓的,当然也使用特称的马克思主义,也使用马克思列宁主义的称谓。

列宁运用马克思主义立场、观点、方法分析资本主义由自由竞争发展到垄断的新变化,形成的新特征,揭示垄断资本主义的本质、趋势和规律,得出科学社会主义的新判断、新观点、新结论,指导社会主义革命和国际共产主义运动,推动了俄国十月革命的胜利和苏联社会主义的建设。在今天,对当代资本主义,即当代帝国主义的新变化、新特征的认识,离不开马克思列宁主义的指导,离不开列宁主义及《帝国主义论》的指导。学习贯穿于《帝国主义论》的马克思列宁主义立场、观点、方法,运用于分析、判断和对待当代资本主义,即当代帝国主义,正当其时,十分必要。

马克思的《资本论》是马克思主义的标志性光辉著作。列宁的《帝国主义论》是马克思主义发展到列宁主义阶段的标志性光辉著作。《资本论》与《帝国主义论》共同构成了马克思主义科学理论体系的经典姊妹篇。《帝国主义论》是划时代的伟大著作,是新版《资本论》,是《资本论》的直接继承和伟大发展,是列宁主义的代表性理论成果,在马克思主义发展史上占有重要地位。列宁的伟大理论贡献就在于,《帝国主义论》依据马克思主义立场、观点、方法,依据《资本论》的基本原理,总结了《资本论》出版以后半个世纪资本主义发展的新情况和社会主义运动的新经验,全面地分析了垄断资本主义的经济基础及其特征,科学地揭示了其本质、特征和矛盾;彻底地批判了背叛马克思主义的考茨基主义,对帝国主义作出了最科学、最全面、最系统的马克思主义的分析与判断,深刻地论证了垄断资本主义的历史地位,作出了帝国主义是发展到垄断的资本主义特殊阶段,是无产阶级社会主义革命前夜的重要判断;揭示了帝国主义经济政治发展不平衡的客观规律,进一步论证了资本主义必然灭亡和社会主义必然胜利的历史趋势,提出了帝国主义就是战争、战争引起革命的思想,得出了社会主义可能首先在少数国家甚至在单独一个国家内获得胜利的结论,为俄国无产阶级及其政党争取无产阶级和社会主义革命的胜利、建立第一个社会主义制度的国家,提供了完备坚实的理论依据和科学指南,实现了马克思主义与新的时代特征和俄国具体国情相结合,发展了马克思主义,创立了列宁主义。在马克思列宁主义指导下,俄国布尔什维克党领导俄国工人阶级及广大劳动人民,取得了十月社会主义革命的伟大胜利,开创了人类历史的新纪元。

《帝国主义论》是一部闪耀着真理光辉的不朽著作,正确指导了中国共产党开展的国际斗争、国内改革开放和建设社会主义现代化国家。科学认识当代资本主义,正确认识国内外形势,是正确制定国际斗争战略策略和建设社会主义现代化国家理论路线、方针和政策的前提和依据。列宁主义及其《帝国主义论》的科学理论以及《帝国主义论》中所贯穿的立场、观点和方法是无产阶级政党认识形势、制定战略策略的强大思想武器。

当下仍处于垄断资本主义历史阶段,垄断资本主义的本质和特征并没有根本改变,但又有许多新的重大变化,具有过去所没有的新特征。在这一新的历史条件下,既要不忘初心,牢记使命,坚定理想信念;又要有所创新发展,继续前进。解决好如何认清当今时代本质及其阶段性变化、特征、主题和国内外形势,认清当代资本主义的现状、本质与发展趋势,认清当今世界的基本矛盾、国际斗争的发展规律和现代战争的根源,认清资本主义必然灭亡和社会主义必然胜利的历史总趋势,是我们党面临的极其重大的理论与现实问题。

列宁指出:《帝国主义论》这部著作"能有助于理解帝国主义的经济实质这个基本经济问题,不研究这个问题,就根本不会懂得如何去认识现在的战争和现在的政治"①。如何认清当代资本主义的本质及其阶段性新变化、新特征,认清当代社会主义的发展趋势和面临的新问题,认清我们党所领导的中国特色社会主义历史方位和未来走向,如何制定正确的理论路线、战略策略和方针政策,重读《帝国主义论》,具有重大的理论和现实意义。

一、关于《帝国主义论》写作的历史背景

《帝国主义论》于 1916 年上半年写成,1917 年问世。列宁的这部著作是适应资本主义由自由竞争阶段发展到垄断阶段,无产阶级及其政党处于社会主义革命前夜这个新的历史条件的迫切需要,在反对帝国主义和考茨基主义的激烈斗争中写成的。

(一)《帝国主义论》是在资本主义由自由竞争阶段发展到垄断阶段,社会经济发生了深刻变化的历史背景下写就的

19 世纪末 20 世纪初,资本主义国家的社会经济发生了深刻变化,自由竞争为垄断所代替。在欧美各主要资本主义国家,垄断组织已控制了一系列工业部门和银行系统,成为全部社会经济生活的基础。垄断组织在国内建立统治的同时,竭力向外扩张,以扩大他们压迫、奴役的剥削范围。这时,"垄断组织和金融资本的统治已经确

---

① 列宁:《帝国主义是资本主义的最高阶段》,人民出版社 2014 年版,第 4 页。

立、资本输出具有突出意义、国际托拉斯开始瓜分世界、一些最大的资本主义国家已把世界全部领土瓜分完毕"①。这标志着资本主义进入了垄断资本主义阶段。

由自由竞争变成垄断,是资本主义经济发生的巨大转变,这是列宁研究的帝国主义本质特征,创新马克思主义理论最主要的社会条件。正因为有了这样的社会条件,才使得认识垄断资本主义的本质、特点和规律,实际上成为可能。而马克思和恩格斯由于所处的历史条件的限制,他们不可能进行这方面的理论阐释。正如毛泽东同志指出的那样,"马克思不能在自由资本主义时代就预先具体地认识帝国主义时代的某些特异的规律,因为帝国主义这个资本主义最后阶段还未到来,还无这种实践"②。新的历史实践是列宁主义及《帝国主义论》产生的客观条件。

(二)《帝国主义论》是在资本主义矛盾和斗争空前激化和第一次世界大战爆发的历史条件下写就的

随着自由竞争资本主义发展成为垄断资本主义,马克思、恩格斯所揭示的资本主义固有的内在矛盾不仅没有消除,仍然起作用,而且资本主义的一系列矛盾,特别是无产阶级和资产阶级、宗主国和殖民地、各资本主义国家之间的矛盾空前激化。正如毛泽东同志指出:"自由竞争时代的资本主义发展为帝国主义,这时,无产阶级和资产阶级这两个根本矛盾着的阶级的性质和这个社会的资本主义的本质,并没有变化;但是,两阶级的矛盾激化了,独占资本和自由资本之间的矛盾发生了,宗主国和殖民地的矛盾激化了,各资本主义国家间

---

① 《列宁选集》第 2 卷,人民出版社 2012 年版,第 651 页。
② 《毛泽东选集》第一卷,人民出版社 1991 年版,第 287 页。

的矛盾即由各国发展不平衡的状态而引起的矛盾特别尖锐地表现出来了,因此形成了资本主义的特殊阶段,形成了帝国主义阶段。"①20世纪初,资本主义各类矛盾的激化,引起阶级斗争空前激烈,工人罢工浪潮汹涌澎湃,席卷了整个欧洲。特别是俄国1905年的革命,结束了1871年巴黎公社以后出现的资本主义的"和平"发展时期,揭开了帝国主义阶段无产阶级革命的"序幕"。世界各地民族解放运动风起云涌,东方各被压迫民族和被压迫人民迅速觉醒。帝国主义国家之间的矛盾也日益加剧,它们为重新瓜分世界展开了尖锐的斗争。1898年的美西战争和1904年的日俄战争,就是帝国主义重新瓜分世界的开始。

1914年又爆发了两个帝国主义集团长期酝酿的第一次世界大战。这场战争使各交战国的经济面临破产,给全世界人民带来了更加深重的灾难,使各国无产阶级革命的情绪空前高涨。在战争造成的经济破坏和政治危机的基础上,各国革命形势日益成熟。德、法、英等国的无产阶级掀起了波澜壮阔的反战运动和罢工运动。在当时的俄国,工人罢工、农民起义和士兵暴动不断发生,革命运动迅猛异常。所有这一切都表明,世界进入了一个新的政治动荡和革命风暴时期,无产阶级社会主义革命已成为不可避免的直接的实践问题。毛泽东同志指出:"帝国主义给自己准备了灭亡的条件。殖民地半殖民地的人民大众和帝国主义自己国家内的人民大众的觉悟,就是这样的条件。"②帝国主义驱使全世界的人民大众走上消灭帝国主义的伟大斗争的资本主义发展的特殊阶段。

---

① 《毛泽东选集》第一卷,人民出版社1991年版,第314页。
② 《毛泽东选集》第四卷,人民出版社1991年版,第1483页。

（三）《帝国主义论》是在马克思主义与机会主义特别是"考茨基主义"的激烈斗争中写就的

列宁曾经指出，"马克思主义在理论上的胜利，逼得它的敌人装扮成马克思主义者"①。当资本主义进入帝国主义阶段，无产阶级夺取政权、建立社会主义制度的伟大历史任务已经提到日程上来的时候，背叛马克思主义的第二国际机会主义思潮泛滥起来。伯恩施坦和考茨基是这股思潮的主要代表，他们打着马克思主义的旗帜，却干着篡改马克思主义的事情，公然背叛马克思主义，背叛无产阶级和社会主义运动。第一次世界大战爆发和以伯恩施坦为首的右派公开叛变后，打着马克思主义旗号而以"中派"面目自居的考茨基主义则成为当时攻击马克思主义的主要力量。由于右派伯恩施坦主义，特别是具有极大欺骗性的"中派"考茨基主义的泛滥，使得在怎样对待帝国主义，怎样对待战争和革命等一系列问题上，成为当时国际共产主义运动所面临的最尖锐、最迫切的问题。以列宁为代表的马克思主义路线同以伯恩施坦，特别是考茨基为代表的机会主义路线展开了针锋相对的斗争。这是一场关系到捍卫马克思主义的真理性，关系到无产阶级革命、社会主义事业成败的大论战。

这场论战主要围绕以下问题展开：

一是如何正确判断垄断资本主义，即帝国主义发展阶段的问题。考茨基在 1914 年给帝国主义下了一个背叛马克思主义的定义，认为帝国主义不是资本主义发展中的一个阶段，而是金融资本"情愿采取"的一种政策。他由此出发，抛出了一个臭名昭著的"超帝国主义

_____

① 《列宁选集》第 2 卷，人民出版社 2012 年版，第 307 页。

论",胡说资本主义会经历一个"超帝国主义阶段",在这个阶段上,各国金融资本将联合起来共同剥削世界,从而可以消除帝国主义的各种矛盾和冲突,出现"和平民主"的"新纪元"。考茨基这套谬论的要害,就是掩盖帝国主义的本质,抹杀帝国主义最深刻的矛盾,用美妙的幻景来欺骗群众,使他们放弃共产主义远大理想和争取社会主义胜利的革命斗争。

二是如何对待第一次世界大战和无产阶级革命的问题。在战争和革命的问题上,第二国际反马克思主义的机会主义者采取了完全错误的态度。当时参与第一次世界大战的各国垄断资产阶级的统治集团一方面加紧镇压蓬勃发展的无产阶级革命运动,同时开动全部宣传机器,散布种种谎言,拼命掩盖战争的帝国主义性质,诱骗人民群众为其卖命。第二国际以伯恩施坦为代表的右派们,完全站在本国资产阶级一边,打出"保卫祖国"的虚伪口号,投票赞成政府的军事预算,公开支持帝国主义战争,堕落成为赤裸裸的社会沙文主义者,成为帝国主义战争的吹鼓手和辩护士。考茨基主义者们则玩弄不参加军事预算投票的诡计,实质上是在"保卫祖国"的口号下,煽动各国工人互相残杀,反对无产阶级革命。

在上述新的历史条件下,面对国际性的反马克思主义思潮的泛滥和革命形势的高涨,列宁一方面亲自参加革命斗争实践,另一方面进行了艰巨的理论研究工作,写下了捍卫和发展马克思主义的《帝国主义论》。毛泽东同志认为,列宁主义之所以成为帝国主义和无产阶级革命阶段的马克思主义,就是因为列宁"正确地说明了这些矛盾,并正确地作出了解决这些矛盾的无产阶级革命的理论和策略"[①]。列宁关

---

① 《毛泽东选集》第一卷,人民出版社1991年版,第314页。

于帝国主义理论是对马克思主义的重大发展,揭示了新的历史阶段的特征和发展方向,解决了时代所提出的一系列重大课题,为无产阶级在新的历史条件下进行革命提供了理论和策略指南。

二、关于《帝国主义论》的结构和主要内容

《帝国主义论》包括两篇序言,十章正文。正文所要回答的中心问题,就是在分析帝国主义五大特征和三大矛盾的基础上阐明:帝国主义是垂死的资本主义,是无产阶级社会主义革命的前夜,战争与革命问题是帝国主义和无产阶级革命阶段的时代主题。全书围绕这一中心步步深入地展开分析。

《帝国主义论》一书是从分析帝国主义的基本经济特征开始的。对于经济特征的分析,是在前六章进行的。帝国主义所以是资本主义发展的特殊阶段,首先因为它在经济上具有不同于前一阶段资本主义的重大特征。列宁把资本主义的这一特殊阶段在经济上的巨大变化,概括为五个基本经济特征:"(1)生产和资本的集中发展到这样高的程度,以致造成了在经济生活中起决定作用的垄断组织;(2)银行资本和工业资本已经融合起来,在这个'金融资本的'基础上形成了金融寡头;(3)和商品输出不同的资本输出具有特别重要的意义;(4)瓜分世界的资本家国际垄断同盟已经形成;(5)最大资本主义大国已把世界上的领土瓜分完毕。"①

第一、二、三章主要是分析金融资本的形成和它在国内的垄断,揭露帝国主义国家内部的阶级矛盾,特别是无产阶级和资产阶级的

---

① 《列宁选集》第2卷,人民出版社2012年版,第651页。

矛盾;第四、五、六章主要是分析金融资本向外扩张和它在国际上的垄断,揭露帝国主义宗主国与殖民地的矛盾、帝国主义国家之间的矛盾,指出垄断是帝国主义的经济实质和最深厚的经济基础。

要理解帝国主义是资本主义发展的特殊阶段,首先必须弄清楚垄断的形成和发展,垄断所造成的后果以及它同自由竞争的关系等。随着工业垄断的形成,银行业也形成了垄断。这就使银行和工业之间的关系发生了根本变化,银行具有了万能垄断者的新角色。在银行垄断资本和工业垄断资本融合生长的基础上形成了金融资本和金融寡头,他们控制了国家的经济和政治生活,对工人阶级和劳动人民进行沉重的剥削和压迫。帝国主义就是金融资本的统治。金融资本的统治加剧了国内争夺销售市场、原料来源和投资场所等方面的矛盾。为了追求高额利润,金融寡头便以各种方式竭力扩张,竭力掠夺别国人民特别是落后国家人民。这就必然引起资本输出、各资本家同盟从经商到瓜分世界市场直至帝国主义列强把世界领土瓜分完毕并为重新瓜分世界领土而斗争。帝国主义的本性决定它必然推行霸权主义。争夺世界霸权,是帝国主义政策的主要内容。为了夺取地盘,瓜分势力范围,争霸世界,帝国主义战争是绝对不可避免的。列宁关于帝国主义是垄断资本主义的全部分析说明了,帝国主义的本质就是垄断,就是掠夺,就是争霸,就是战争。

《帝国主义论》后四章(第七至十章),主要阐明帝国主义是资本主义的特殊阶段和它的历史地位,批判考茨基主义。第七章总结了前六章的内容,并在这个基础上给帝国主义下了科学的定义,批判了考茨基对帝国主义的错误定义和"超帝国主义论";同时从帝国主义是资本主义的特殊阶段这个完备的定义中引出几个重要内容:(1)帝国主义是垄断资本主义;(2)帝国主义是寄生的或腐朽的资本主义;(3)帝国主义是垂死的资本主义。《帝国主义论》的整个结构,就是按照这个完备定义的内容来安排的。前六章分析了这个定义的第一个方面。第八章是讲这个定义的第二个方面:帝国主义的寄生性和腐朽性。通过论述它的各种表现及其后果,特别是分析工人运动分裂的经济基础,来揭示帝国主义的寄生性和腐朽性同机会主义的必然联系。第九章集中地、全面地批判了考茨基关于帝国主义的谬论,揭露了考茨基主义的反马克思主义的本质。第十章是全书的总结,它概括阐明了完备定义的三个方面,着重指出了帝国主义的历史地位,即帝国主义是垂死的资本主义,是无产阶级社会主义革命的前夜。

三、关于学习《帝国主义论》应该掌握的重点

今天距《帝国主义论》的写作时间已过去一个多世纪了,100 年来世情发生天翻地覆的变化,出现了许多前所未有的阶段性的新变化、新特征。纵观人类社会发展的时代变迁及形势变化,不变中有变,变中有不变。马克思主义经典作家当时作出的个别具体结论可能会有局限性,但所判定的时代根本性质没有改变,垄断资本主义的本质没有改变,帝国主义的本性没有改变,资本主义的基本矛盾没有改变,资本主义不可遏制的必然灭亡的总趋势没有改变。《帝国主义论》揭示的是普遍的真理,列宁主义是进入 20 世纪的马克思主义新的理论形态,回答了资本主义发展到垄断阶段新的时代问题,列宁主义的基本原理没有过时。当然,也不能拘泥于列宁的个别具体结论。坚持马克思列宁主义是一个重大原则问题,马克思列宁主义仍然是我们党今天指导思想的理论基础。今天学习《帝国主义论》及

其贯穿的列宁主义的原则、立场、观点和方法,重点应掌握以下四点。

(一)学习掌握列宁是怎样灵活运用马克思主义立场、观点和方法来分析、认识、解决问题的

"立场"是一个根本问题,这是观察、认识问题的立足点和出发点。通过研读《帝国主义论》,可以明白无误地认识到,列宁首先是站在工人阶级及劳动大众的立场上,站在马克思主义所一贯坚持的人民的立场上。"观点"是一个理论指导问题,是掌握什么样的理论武器来指导实践的。列宁揭示帝国主义本质与特征,得出无产阶级和社会主义革命的新的理论,是按照《资本论》的基本原则,运用马克思主义经典作家所阐述的基本原理剖析垄断资本主义的本质与特征,从而得出正确结论的。"方法"是一个方法论问题,是运用什么样的分析方法剖析问题的。马克思主义的唯物论、辩证法、唯物史观的方法论,马克思主义的阶级分析方法,是分析问题的最犀利的解剖刀,列宁运用马克思主义的基本方法,深刻揭示了垄断资本主义的本质、特征和趋势,找出解决问题的思路和办法。立场、观点、方法是管总的,管根本的,管长远的,是我们学习《帝国主义论》首先要领会把握的精神实质。

(二)学习掌握列宁是怎样紧紧抓住最基本的经济事实,从最基本的经济现象入手分析,科学揭示垄断资本主义本质及其特征的

从客观存在的基本经济事实出发认识社会问题,这是马克思主义一切从实际出发、具体问题具体分析的活的灵魂,是马克思《资本论》的基本思路,也是唯物史观的基本方法。商品是最基本的经济

细胞,马克思正是抓住了资本主义这一基本经济事实,揭示了整个资本主义的基本矛盾,得出了资本主义必然灭亡的结论和科学社会主义的科学原理。列宁则抓住了垄断这一从自由竞争资本主义转变到垄断资本主义的最重要的经济事实,从而揭示了帝国主义的灭亡规律,得出了科学社会主义的新结论。今天,应借鉴马克思《资本论》、列宁《帝国主义论》分析思路,从现代资本主义基本经济事实的变化分析起,认清当代资本主义本质及其矛盾的新表现。

(三)学习掌握列宁是怎样始终坚持矛盾和阶级观点,运用矛盾和阶级分析方法揭示垄断资本主义基本矛盾、阶级关系和阶级矛盾的

毛泽东同志指出:"阶级斗争,一些阶级胜利了,一些阶级消灭了。这就是历史,这就是几千年的文明史。拿这个观点解释历史的就叫做历史的唯物主义,站在这个观点的反面的是历史的唯心主义。"①世界上充满了矛盾,人类社会也是如此。在阶级社会中,社会矛盾集中表现为阶级矛盾,阶级社会充满了阶级矛盾。分析阶级社会现象,必须从社会矛盾分析入手,进入到阶级矛盾和阶级斗争分析,这是唯物主义历史观的基本原理。坚信矛盾和阶级观点,并运用于社会历史现象的具体分析,就是真正地坚持唯物史观,而不是口头上坚持唯物史观。现在对社会历史问题、对国内外形势抓不住实质,理不出头绪,找不对主线,说不到点子,找不准解决问题的正确对策,就是在矛盾观点及其分析方法,阶级观点及其分析方法这个唯物史观的根本世界观方法论上出了毛病。列宁正是运用矛盾和阶级分析

---

① 《毛泽东选集》第四卷,人民出版社1991年版,第1487页。

这一基本方法,揭示了垄断资本主义的矛盾实质、阶级关系和阶级本质,为我们认清垄断资本主义理出了一条清晰的线索,指出了明确的斗争战略和策略。

(四)学习掌握列宁是怎样把时代判断和形势分析作为基本前提,敏锐地认识到时代本质没有改变,时代特征却发生了新变化,捕捉到时代新主题,从而提出马克思主义政党指导具体实践的战略策略问题的

对时代和时代问题的分析判断,对形势和格局的分析判断,是指导无产阶级政党制定战略策略的重要依据。列宁遵循马克思主义经典作家的唯物史观和时代观,坚持了马克思、恩格斯所判断的世界正处于资本主义社会形态占统治地位的世界历史时代,该时代充满了社会主义与资本主义两种力量、两条道路的斗争,资本主义必然为社会主义、共产主义所替代的历史必然规律的唯物史观的总结论,同时又透彻地分析了当时资本主义所发生的阶段性新变化,从而正确地判定时代的新特征和新问题,剖析了国内外形势的新变化,指出虽然时代的根本性质没有变,但是时代特征却发生了巨大的阶段性变化,得出了战争与革命是该时代的主题,作出了当时已处于帝国主义和无产阶级革命时代,处于无产阶级社会主义革命前夜的正确判定,从而形成社会主义革命有可能在帝国主义统治的薄弱环节率先突破的"一国胜利"论的重要结论。《帝国主义论》是马克思主义的丰富宝库。学习《帝国主义论》,需要深刻理解和掌握列宁创作《帝国主义论》,科学分析垄断资本主义,即帝国主义的本质、矛盾、特征、必然趋势和得出科学社会主义的重要结论而贯穿的马克思列宁主义的立场、观点和方法,理解和掌握马克思列宁主义基本原理和基本观点,

学习和树立列宁的实事求是态度、问题意识以及创新精神、批判精神和革命精神。列宁的马克思主义的立场、观点和方法,科学的判断和论述为我们如何看待今天时代根本性质没有改变,却发生了重大阶段性变化,时代主题发生了重大转换,提供了基本遵循;为我们如何看待当代资本主义,即当代帝国主义本质没有改变,却出现了许多新情况新变化,出现了许多过去没有的新特征,提供了理论指南;为我们同当代资本主义,即当代帝国主义开展斗争,并最终取得胜利提供了思想武器。

在这里需要特别说明的是,列宁所讲的"帝国主义和无产阶级革命时代"所使用的"时代"概念,并不是指资本主义大的"历史时代",仅仅是指资本主义大的"历史时代"所经历的一个阶段,是资本主义大的"历史时代"发展的一个"阶段"的意思。笔者在后文还要详尽地论述这个时代问题。

第 二 章

科学认识当代资本主义的重要理论依据

　　科学认识当代资本主义,即当代帝国主义,需要认真重温马克思主义的社会形态演变一般规律理论和大的"历史时代"理论。只有真正理解和掌握马克思主义社会形态演变一般规律理论和大的"历史时代"理论,才能正确剖析和判断当代资本主义。

　　马克思主义唯物史观是分析说明一切社会历史现象的世界观方法论,是科学认识资本主义的最锐利的思想武器。马克思主义关于社会形态演变一般规律理论和大的"历史时代"理论是马克思唯物史观的重要组成部分,运用唯物史观理论观察、分析、判断资本主义本质、矛盾、规律以及必然灭亡趋势,必定要运用这两个理论。这两个理论是科学剖析认识资本主义,也是科学剖析认识当代资本主义的重要依据。

一、社会形态演变一般规律理论对于
认识当代资本主义的意义

　　坚持一切从社会存在出发来说明社会历史问题,是唯物史观的基本观点。唯物史观认为最基本的社会存在就是生产方式的存在，就是"经济的社会形态"的存在。生产力决定生产关系，生产力与生产关系的统一，构成社会生产方式。一定的生产方式是一定的"经济的社会形态"的基础和本质，生产关系的总和构成社会经济基础，在经济基础之上形成上层建筑，生产力与生产关系、经济基础与上层建筑的统一构成一定的"经济的社会形态"，人类发展史也就是社会形态的发展史。人类历史上的任何一个社会形态，都是生产力与生产关系、经济基础与上层建筑的统一，都是以社会生产方式为基础和本质的。唯物史观主张，一切都要从生产力决定生产关系、经济基础决定上层建筑，从而从生产方式所决定的人类"经济的社会形态"出发来认识人类社会历史现象，而不是相反，这是唯物史观放之四海而皆准的真理，是不可违背的根本原理。

人类社会形态的演进，最根本的是源于生产力的发展。人类的生产工具从旧石器升级到新石器，再到青铜器、铁器，再到机器、电子、信息、互联网、人工智能……生产力逐步提升，促使生产关系、生产方式不断发生变化，从而引起社会形态从原始社会进步到奴隶社会，再进步到封建社会，再进步到资本主义社会……譬如，原始社会生产力的进步，导致人们的分工发生根本变化，进而引起剩余产品出现，产生了私有制，代替了原始共产主义公有制。经济基础决定上层建筑，经济结构的变化引发社会结构从母系社会向父系社会过渡，为私有制社会的形成奠定经济基础。经济结构的变化引起了政治结构、阶级结构、社会结构的变化，从原始社会，到奴隶社会，到封建社会，到资本主义社会，经社会主义社会过渡到共产主义社会，这就是人类社会历史的客观发展规律，这个规律是必然的、不以人的意志为转移的。

马克思主义唯物史观创立了"社会形态""经济的社会形态"范畴,揭示人类社会历史发展客观规律,形成了关于人类社会经过原始社会、奴隶社会、封建社会、资本主义社会,经过社会主义社会的过渡而达到共产主义社会的"五种社会形态"演变发展的一般规律理论,也可称之为"五形态"说。"社会形态""经济的社会形态"范畴、"五形态"说客观地反映和揭示了人类社会历史发展的普遍规律和必然趋势,是马克思主义唯物史观的重要原理,是唯物史观的重要组成部分。

关于"社会形态""经济的社会形态"范畴,马克思虽然没有撰写过专著,但围绕着这一问题留下了大量论述。马克思在1851年撰写的《路易·波拿巴的雾月十八日》这部名著中提出"社会形态"概念。他写道:"新的社会形态一形成,远古的巨人连同复活的罗马古董——所有这些布鲁土斯们、格拉古们、普卜利科拉们、护民官们、元老们以及凯撒本人就都消失不见了。冷静务实的资产阶级社会把萨伊们、库辛们、鲁瓦耶-科拉尔们、本杰明·贡斯当们和基佐们当做自己真正的翻译和代言人;它的真正统帅坐在营业所的办公桌后面……"①马克思这里使用了"社会形态"这一范畴,是为了表明资本主义社会是人类历史发展的一个新的历史阶段,是不同于以往的社会形态。根据日本学者大野节夫的考证,形态(Formation)这一用语是马克思从当时的地质学术话语中借用过来的。该词在当时的地质学中用以表示在地壳发展变化的进程中先后形成的不同岩层,一个形态就是一个不同的岩层单位。可以看出,马克思使用"社会形态"这一范畴,意在表明人类社会也是由不同的历史层次、不同的历

---

① 《马克思恩格斯选集》第1卷,人民出版社2012年版,第669—670页。着重号为笔者所加。

史阶段、不同的社会样态构成的。

对于"社会形态"的理解,可以从马克思提出的"经济的社会形态"这一范畴作进一步考察,即从经济这一视角把握人类的"社会形态"。马克思在《〈政治经济学批判〉序言》中说"大体说来,亚细亚的、古代的、封建的和现代资产阶级的生产方式可以看作是经济的社会形态演进的几个时代"①。对于何谓"经济的社会形态",马克思在《资本论》第二版跋里作出了进一步解释,"我的观点是把经济的社会形态的发展理解为一种自然史的过程。不管个人在主观上怎样超脱各种关系,他在社会意义上总是这些关系的产物"②。"经济的社会形态"的自然史过程,即社会发展的过程是"受一定规律支配的自然史过程,这些规律不仅不以人的意志、意识和意图为转移,反而决定人的意志、意识和意图"③。由此可以得出,马克思认为社会形态演进规律与自然界的演进规律类似,是不以人的意志为转移,具有生产的、经济的、物质的因素所决定的客观必然性,"社会形态""经济的社会形态"范畴是对人类社会历史演进一般规律,对人类社会关系总和的科学概括,是概括和把握人类历史发展规律和社会形态性质特征的科学范畴。

关于"五形态"说,早在马克思主义创立的初期,马克思、恩格斯在 1846 年合著的《德意志意识形态》一书中,就第一次提出人类社会经过五种所有制形式:(1)部落所有制;(2)古典古代的公社所有制和国家所有制;(3)封建的或等级的所有制。④ 在《德意志意识形

---

① 《马克思恩格斯选集》第 2 卷,人民出版社 1995 年版,第 33 页。着重号为笔者所加。

② 《资本论》第 1 卷,人民出版社 2004 年版,第 10 页。着重号为笔者所加。

③ 《资本论》第 1 卷,人民出版社 2004 年版,第 21 页。着重号为笔者所加。

④ 参见《马克思恩格斯选集》第 1 卷,人民出版社 2012 年版,第 148—149 页。

态》中,马克思、恩格斯在分析了部落所有制、古典古代的公社所有制和国家所有制、封建的或等级的所有制之后,从生产力和交往形式的矛盾运动中,又指出了现代的所有制,即(4)资产阶级的所有制;(5)未来共产主义所有制。① 这里部落所有制指的是原始共产主义社会的公有制;古典古代的公社所有制和国家所有制指的是奴隶社会私有制;以下类推指的是封建社会私有制、资本主义社会私有制、共产主义公有制。马克思、恩格斯揭示了五种社会形态的五种所有制基础,奠定了五种社会形态的经济基础和生产关系本质的依据。

在 1848 年发表的《共产党宣言》中,马克思、恩格斯说明:"在过去的各个历史时代,我们几乎到处都可以看到社会完全划分为各个不同的等级,看到社会地位分成多种多样的层次。在古罗马,有贵族、骑士、平民、奴隶,在中世纪,有封建主、臣仆、行会师傅、帮工、农奴,而且几乎在每一个阶级内部又有一些特殊的阶层。"②紧接着,他们又说:"从封建社会的灭亡中产生出来的现代资产阶级社会并没有消灭阶级对立。它只是用新的阶级、新的压迫条件、新的斗争形式代替了旧的。"③在这里马克思已经明确清晰地点出奴隶社会、封建社会和资本主义社会。

在《政治经济学批判(1857—1858 年手稿)》中,马克思论述了四大社会形态。他强调指出:"家长制的,古代的(以及封建的)状态随着商业、奢侈、货币、交换价值的发展而没落下去,现代社会则随着这些东西同步发展起来。"④马克思讲到了原始社会、奴隶社会、封建

---

① 参见《马克思恩格斯选集》第 1 卷,人民出版社 2012 年版,第 154—215 页。
② 《马克思恩格斯选集》第 1 卷,人民出版社 2012 年版,第 400—401 页。
③ 《马克思恩格斯选集》第 1 卷,人民出版社 2012 年版,第 401 页。
④ 《马克思恩格斯文集》第 8 卷,人民出版社 2009 年版,第 52 页。

社会和资本主义社会四种社会形态。

1859 年 1 月,在《〈政治经济学批判〉序言》中,马克思关于五种社会形态的表述已经十分清晰了,"大体说来,亚细亚的、古代的、封建的和现代资产阶级的生产方式可以看作是经济的社会形态演进的几个时代。资产阶级的生产关系是社会生产过程的最后一个对抗形式……人类社会的史前时期就以这种社会形态而告终"①。在 1867 年出版的《资本论》中,马克思充分论证了共产主义代替资本主义的必然性。到此为止,可以说,马克思关于"五形态"的提法已经形成,但还不能说马克思已然十分精确地确立"五形态"理论。比如,虽然马克思肯定"古代"社会之前还有一个社会形态,但他对原始社会形态的概括却只是初步提到"亚细亚"的社会形态。在马克思那里,古代的社会显然是指古希腊、古罗马的奴隶社会,但"亚细亚"是指什么社会形态,其属性是什么,马克思当时意指原始社会,但尚未明确其科学定义。后来,历史科学有了一定发展,特别是历史学家摩尔根的《古代社会》一书出版,给原始社会的研究提供了详尽材料,这使马克思对原始社会有了明确的科学界定,这一科学认识集中反映在1880 年到 1881 年间他对《古代社会》一书的摘要中。

最后,恩格斯利用马克思批语,经过研究,于 1884 年撰写了《家庭、私有制和国家的起源》一书。恩格斯在该书中写道:"摩尔根证明:美洲印第安人部落内部用动物名称命名的血族团体,实质上是与希腊人的氏族、罗马人的氏族相同的;美洲的形式是原始的形式,而希腊—罗马的形式是晚出的、派生的形式;原始时代希腊人和罗马人的氏族、胞族和部落的全部社会组织,跟美洲印第安人的组织极其相

---

① 《马克思恩格斯选集》第 2 卷,人民出版社 1995 年版,第 33 页。

似;氏族,直到野蛮人进入文明时代为止,甚至再往后一点,是一切野蛮人所共有的制度(就现有资料而言)。摩尔根证明了这一切以后,便一下子说明了希腊、罗马上古史中最困难的地方,同时,出乎意料地给我们阐明了原始时代——国家产生以前社会制度的基本特征。"①对原始社会给出了明确阐释。到此为止,马克思主义经典作家关于"五形态"说已经完整成熟地形成了。在《家庭、私有制和国家的起源》的结尾部分,恩格斯得出结论:"在既定的总的历史条件下,必然地带来了奴隶制。从第一次社会大分工中,也就产生了第一次社会大分裂,分裂为两个阶级:主人和奴隶、剥削者和被剥削者。"②"随着在文明时代获得最充分发展的奴隶制的出现,就发生了社会分成剥削阶级和被剥削阶级的第一次大分裂。这种分裂继续存在于整个文明期。奴隶制是古希腊罗马时代世界所固有的第一个剥削形式;继之而来的是中世纪的农奴制和近代的雇佣劳动制。"③

从以上所引用马克思、恩格斯的论述,可以明确地认为马克思、恩格斯对原始社会、奴隶社会、封建社会、资本主义社会形态作出了科学分期,再加上对共产主义社会的论述,以及在《哥达纲领批判》一文中对共产主义社会第一阶段社会主义社会阶段和高级阶段"两个阶段"的论述,可以说,马克思主义经典作家已经科学概括了人类社会形态发展的最普遍的规律,构成了系统的唯物史观关于社会形态演变一般规律理论。

对于社会形态历史发展的分期,人们可以根据需要,对同一对象,按照特定的标准,从不同的角度加以划分。例如,以阶级斗争为

---

① 恩格斯:《家庭、私有制和国家的起源》,人民出版社 2018 年版,第 91 页。
② 恩格斯:《家庭、私有制和国家的起源》,人民出版社 2018 年版,第 180 页。
③ 恩格斯:《家庭、私有制和国家的起源》,人民出版社 2018 年版,第 195 页。

线索,可以划分为阶级社会、阶级过渡社会和非阶级社会;以生产资料所有制性质为标准,可以划分为原始公有制社会、私有制社会、私有制向公有制过渡的低级形式的公有制为主体的社会和高级形式的公有制社会⋯⋯但是,任何科学划分都不能离开以唯物史观基本原理为指导,以生产力发展状况为判定标准,根据社会基本矛盾运动的规律,直接考察社会经济关系的性质和特征,按照五种"经济的社会形态"发展的顺序而进行的划分。"五形态"说是马克思对社会形态划分的主线索,是马克思主义社会形态演变一般规律理论的最主要内容。

　　社会形态演变一般规律理论最核心、最根本的要旨就在于说明,人类社会发展是囿于生产力与生产关系的矛盾运动所决定,由不同的历史阶段所构成,表现为不同的"经济的社会形态"的演进,从原始社会到奴隶社会,再到封建社会,从封建社会发展而来的资本主义社会同其前的其他社会形态一样,只是人类社会历经的一个历史阶段,必然由兴盛而走向灭亡,人类社会形态必将进入一个全新的历史进程,必然经过社会主义社会的过渡而进入共产主义社会,社会主义社会不过是共产主义社会的第一阶段。资本主义社会的发展历史,从生到灭的历史规律绝对跳不出马克思主义经典作家所概括的社会形态演变的一般规律。

　　只有依据社会形态演变一般规律理论,即"五形态"说,运用生产力与生产关系、经济基础与上层建筑基本矛盾运动规律的原理,运用阶级、阶级斗争、国家、革命、专政的观点,特别是运用马克思在创立这一理论过程中所贯穿的立场、观点和方法,剖析和判断资本主义社会,就可以明确认识资本主义社会形态不过是人类社会形态发展的一个阶段,同时也是代替旧的社会形态并必然走向灭亡的历史阶段,明确认识资本主义社会形态的形成、发展、必然灭亡的过程,明确认识资本主义必然为社会主义、共产主义所替代的必然趋势,就可以为正确认识资本主义,乃至当代资本主义理出一条清晰的线索:可以清楚地弄明白资本主义社会形态是怎样从封建社会内部产生、形成,并确立的;可以清楚地弄明白资本主义的生产力、生产关系、经济基础、上层建筑的状况;可以清楚地弄明白资本主义生产力与生产关系、经济基础与上层建筑的社会基本矛盾运动状况、规律与趋向;可以清楚地弄明白资本主义社会的经济结构、政治结构、文化结构、阶级结构、社会结构;可以清楚地弄明白无产阶级是作为资产阶级的对立面和掘墓人而产生,无产阶级与资产阶级的对立与斗争成为资本主义社会的阶级矛盾主线索;可以清楚地弄明白资本主义的发展进程、分期及每一个发展阶段的特征、矛盾;可以清楚地弄明白资本主义内部是怎样生长出新的社会形态因素,始终贯穿着无产阶级与资产阶级的矛盾斗争,怎么最终为社会主义所代替,并必然地发展到共产主义社会;可以清楚地弄明白无产阶级应当采取怎样的战略和策略,通过无产阶级的革命斗争夺取政权,建立无产阶级专政的社会主义国家,最后通过无产阶级专政过渡到共产主义社会……总之,对资本主义,尤其是对当代资本主义的一切正确的认识和科学的判断都能够在科学的分析中形成。马克思、恩格斯正是通过这样的理论逻辑的认识而完成了《资本论》,完成了对资本主义的最一般发展规律的科学揭示,创立了科学社会主义。列宁则是通过这样的理论逻辑认识而完成《帝国主义论》,完成对垄断资本主义的科学认识,创立了无产阶级革命和无产阶级专政学说的。我们今天也必须沿着这样的理论逻辑研究分析,才能完成对当代资本主义的科学认识。

二、唯物史观大的"历史时代"理论
对于认识当代资本主义的价值

唯物史观大的"历史时代"理论是与社会形态演变一般规律理论相联系、相一致、相衔接的。只有既掌握了当代社会形态演变一般规律理论，又掌握了大的"历史时代"理论，才能对当代资本主义，即当代帝国主义的本质、特征、矛盾、斗争、主线、战略策略和发展趋势作出科学的判断。

关于时代问题，有各种各样的说法。有的提出"人类社会经过了石器时代、铁器时代、铜器时代、机器时代、电子时代"，现在"进入了信息时代"；有的说，"人类历史经过了渔猎时代、农耕时代、工业时代，现在进入到后工业时代"；还有的说，"人类文明发展划分为原始文明时代、农业文明时代、工业文明时代和知识文明时代"；等等。这些说法是从某个学科角度，从某个视角出发对时代问题的概括，是有可取之处的。但是从马克思主义观点来看，一定要以马克思主义唯物史观来定义时代概念，才能形成大的"历史时代"理论和正确的时代观，以科学地认识时代、把握时代、引领时代，来科学认识当代资本主义。

在唯物史观看来，时代概念具有广义和狭义之分。广义的时代概念是从大的历史观的角度对人类社会发展大的历史发展进程的判定，即大的"历史时代"观。狭义的时代概念是从某个特定的角度对某个社会发展特定阶段的判定。要把从大的历史观出发判断的广义的时代概念与从其他视角出发判断的狭义的时代概念区别开来。这两种时代概念既有区别，又是辩证统一的。不搞清楚广义的时代概念,不搞清楚大的"历史时代"观,就看不清狭义的时代所处的大的历史方位和国际条件。唯物史观关于大的"历史时代"的提法,是广义的时代概念,是从生产力所决定的生产关系出发,以"经济的社会形态"为标准对人类社会发展的不同"历史时代"的判定尺度,这是唯物史观大的"历史时代"理论的基本点。

习近平总书记在党的十九大报告中指出:"中国特色社会主义进入了新时代,这是我国发展新的历史方位",这是运用辩证唯物主义和历史唯物主义立场、观点、方法科学判断世情国情,从我国党和国家发展的角度提出来的,这个重要的科学判断是完全正确的。中国特色社会主义新时代与马克思主义所判断的大的"历史时代"在唯物史观基础上是一致的,同时又是有区别的。中国特色社会主义新时代特指中国特色社会主义已经站在一个新的历史起点上,进入一个新的历史阶段,处在一个新的历史方位上,这里的"新时代"是狭义的时代概念。只有站在大的"历史时代"背景上,从我国新时代的特殊国情条件出发观察分析,才能深刻认识中国特色社会主义进入新时代和习近平新时代中国特色社会主义思想的伟大意义。

尽管前文已经引过马克思、恩格斯在《共产党宣言》中的一些经典论述,但我在这里还是要再次引用,以说明什么是唯物史观的大的"历史时代"理论。唯物史观大的"历史时代"理论主要包括时代概念的科学定义、大的"历史时代"判断标准、人类社会"历史时代"的划分及每一个历史时代的本质、主题和特征,我们当前处在什么样的历史时代这些基本问题上。

在《共产党宣言》1883年德文版序言中,恩格斯说:"每一历史时代的经济生产以及必然由此产生的社会结构,是该时代政治的和精神的历史的基础,因此(从原始土地公有制解体以来)全部历史都是阶级斗争的历史,即社会发展各个阶段上被剥削阶级和剥削阶级之间、被统治阶级和统治阶级之间斗争的历史;而这个斗争现在已经达到这样一个阶段,即被剥削被压迫的阶级(无产阶级),如果不同时使整个社会永远摆脱剥削、压迫和阶级斗争,就不再能使自己从剥削它压迫它的那个阶级(资产阶级)下解放出来。"①

在《共产党宣言》"一、资产者和无产者"中,马克思、恩格斯进一步说明:"在过去的各个历史时代,我们几乎到处都可以看到社会完全划分为各个不同的等级,看到社会地位分成多种多样的层次。在古罗马,有贵族、骑士、平民、奴隶,在中世纪,有封建主、臣仆、行会师傅、帮工、农奴,而且几乎在每一个阶级内部又有一些特殊的阶层。"紧接着,他们又说:"从封建社会的灭亡中产生出来的现代资产阶级社会并没有消灭阶级对立。它只是用新的阶级、新的压迫条件、新的斗争形式代替了旧的。"②

在《共产党宣言》"一、资产者和无产者"中,马克思、恩格斯明确指出:"我们的时代,资产阶级时代,却有一个特点:它使阶级对立简单化了。整个社会日益分裂为两大敌对的阵营,分裂为两大相互直接对立的阶级:资产阶级和无产阶级。"③

根据以上马克思主义经典作家的论述,关于唯物史观大的"历史时代"理论,可以得出这样的结论:

第一,马克思主义唯物史观大的"历史时代"概念,是指占统治地位的社会形态所历经的整个历史进程。马克思主义经典作家明确提出了大的"历史时代"概念的科学含义。唯物史观的大的"历史时

---

① 《共产党宣言》,人民出版社 2018 年版,第 7 页。着重号为笔者所加。
② 《共产党宣言》,人民出版社 2018 年版,第 28 页。着重号为笔者所加。
③ 《共产党宣言》,人民出版社 2018 年版,第 28 页。着重号为笔者所加。

代"概念是指占统治地位的社会形态所历经的整个历史进程,该历史时代的进程从该社会形态取代前一社会形态在人类社会占据统治地位起,历经兴盛、衰落,直到为下一社会形态所取代而不再占据统治地位止。当然,每一个历史时代又可以体现为不同的发展阶段。

第二,必须以唯物史观为武器,把"经济的社会形态"作为历史时代根本判断标准。唯物史观是判断历史时代的思想武器。运用唯物史观判断历史时代,就要看一看该历史时代的生产力是什么,生产关系是什么,经济基础是什么,由经济基础所决定的上层建筑又是什么。也就是说,从生产力所决定的生产关系、经济基础,以及由这一基础所决定的"经济的社会形态"出发来判断历史时代。看一看占据统治地位的"经济的社会形态"的本质是什么,也就知道该历史时代是什么,"经济的社会形态"是大的"历史时代"的判断标准。

第三,马克思、恩格斯按照唯物史观关于社会形态演变一般规律理论,根据"经济的社会形态"的根本性质来划分历史时代,把历史时代划分为原始社会、奴隶社会、封建社会、资本主义社会和共产主义社会(社会主义社会是共产主义社会的第一阶段)等五大历史时代。马克思主义经典作家认为,人类历史已先后历经原始社会历史时代、奴隶社会历史时代、封建社会历史时代、资本主义社会历史时代,未来社会将经过无产阶级专政的社会主义过渡,而进入消灭阶级剥削、压迫与阶级斗争的新的历史时代,即进入共产主义社会历史时代。

第四,我们今天仍然处于马克思主义经典作家所判断的历史时代。马克思、恩格斯在《共产党宣言》中明确指出,我们的时代,即"资产阶级时代"。从时代的根本性质和大的历史进程来看,目前我们仍然处于马克思主义经典作家当时所揭示的资本主义社会历史时代。马克思主义经典作家认为人类社会的历史时代已经前进到资本主义社会代替封建社会而占据统治地位的历史发展进程。从全球范围来讲,现在仍然是资本主义社会形态占主要地位的历史时代,而这个时代又是新的社会形态即经过社会主义过渡而进入共产主义社会,逐步最终取代资本主义社会的历史时代。在该历史时代,资本主义社会并没有消灭阶级对立,只是用新的阶级对立形式代替了旧的,无产阶级及广大被剥削阶级如果不通过推翻最后一个剥削社会,即通过消灭最后一个剥削阶级的社会革命,使整个社会永远摆脱剥削、压迫和阶级斗争,否则就不能解放全人类,从而也就不可能最终使无产阶级自己解放自己,就不可能以一个新的社会形态取代资本主义社会形态,进入一个新的历史时代。但是,共产主义必然代替资本主义,需要经过一个漫长的历史过程。当然,在今天世界资本主义体系内已经产生了相当的社会主义因素,在全世界已经产生了若干社会主义国家。但是,新的社会形态在全世界并不占据统治地位。一位学者研究认为,"当今世界95%以上的国家建立的是资本主义制度。在资本全球化的进程中,不仅自然资源、土地、矿产等公共资源被私有资本所圈占,就连我们赖以生存的水源、空气、语言、文化,甚至物种和人类基因等也被逐步私有化了。按照西方左翼学者的说法,这种私有化已经把人类逼到整体灭绝的边缘"①。

第五,资本主义社会固有的不可克服的内部矛盾必然导致其灭亡。在资本主义社会历史时代的一个特点,就是社会日益分裂为两大互相直接对立的阶级。在资本主义的整个发展进程中,其内在矛盾不断激化,经历了激化、缓和,再激化、再缓和……直至激化到再也

---

① 秦宣:《大数据与社会主义》,《教学与研究》2016 年第 5 期。

不能缓和而导致最终灭亡。

第六,指出资本主义社会历史时代所要解决的时代问题。经过了无产阶级革命和无产阶级专政,消灭人类历史最后一个阶级社会——资本主义社会,使人类进入一个没有剥削、压迫、阶级差别和阶级斗争的无阶级的新的社会形态,这是历史时代所赋予无产阶级及其政党所需要回答的时代命题。

我们现在处在一个什么样的历史时代,面临着什么样的时代问题,这是我们研究认识当代资本主义必须首先需要回答的问题。搞明白了唯物史观大的"历史时代"理论,搞明白了马克思在阐明唯物史观大的"历史时代"理论所贯穿的立场、观点、方法就可以对我们所处的当今时代是什么样的历史时代,它的时代本质是什么、时代特点是什么、时代矛盾是什么、时代主线是什么、时代分期又是什么,我们应当树立怎样的时代观,就有了明确清楚的认识,就可以分析判断当代资本主义的本质、特征、矛盾、主线、发展规律和发展趋势,就可以科学判定当代资本主义了。以唯物史观来看,马克思主义关于大的"历史时代"的判断是不能否定的,如果否定了,就会误认为资本主义的基本矛盾不存在了,误认为马克思主义过时了,就会否定马克思主义。

第 三 章

资本主义历史时代所历经的
不同历史阶段和发展时期

列宁指出,"只有首先分析从一个时代转变到另一个时代的客观条件,才能理解我们面前发生的各种重大历史事件。这里谈的是大的历史时代。每个时代都有而且总会有个别的、局部的、有时前进、有时后退的运动,都有而且总会有各种偏离运动的一般形式和一般速度的情形。我们无法知道,一个时代的各个历史运动的发展会有多快,有多少成就。但是我们能够知道,而且确实知道,哪一个阶级是这个或那个时代的中心,决定着时代的主要内容、时代发展的主要方向、时代的历史背景的主要特点等等"①。要认识资本主义发展规律、必然灭亡趋势及特征,必须从它们所处的时代及该时代主要阶段的主要状况入手加以分析。

世界历史进入资本主义历史时代,这是一个漫长而曲折,充满血与火的生死博弈的历史进程。在这个历史进程中,一方面贯穿了新兴资产阶级与封建统治阶级的殊死搏斗;另一方面又贯穿了资产阶

---

① 《列宁全集》第 26 卷,人民出版社 2017 年版,第 142—143 页。着重号为笔者所加。

级对农民阶级和无产阶级的剥削和压迫，贯穿了剥削阶级与被剥削阶级的压迫与反压迫、剥削与被剥削的斗争。资产阶级与封建地主阶级的激烈斗争主要是在资本主义发展的革命时期，在这一时期，资产阶级与农民阶级、工人阶级的矛盾又是次要的。在资产阶级形成、发展、壮大的过程中，同时孕育了它的对立面无产阶级的形成和壮大，资本主义的发展过程始终贯穿着与社会主义两种意识形态、两种阶级力量、两种社会命运的反复较量。资本主义社会和世界上一切事物一样，同人类以往社会形态一样，都有一个孕育、产生、确立、发展、兴盛、衰落，直至灭亡的历史过程。从世界近代以来的历史来看，资本主义经历了孕育、成长、形成、发展的革命上升阶段，发展到了高峰，开始下降，逐步走向它的反面，进入下降衰落阶段，直至走向灭亡。

按照唯物史观的观点来看，"经济的社会形态"是人类社会不同历史时代的标志。唯物史观认为，人类历史经过了原始社会、奴隶社会、封建社会、资本主义社会，经过社会主义社会的过渡而发展到共产主义社会五种社会形态，社会生产方式是决定社会形态性质的根本因素，每一种社会形态就体现了人类历史发展的一个历史时代，这就是马克思主义的历史时代观。我们的时代是"资产阶级时代"①，这就是马克思主义经典作家对我们所处时代的科学判定，我们所处的时代，仍然是资本主义生产方式占统治地位的历史时代。在资本主义历史时代，如果不算资本主义的孕育准备阶段，资本主义已经经历了两个发展阶段，正在经历着第三个发展阶段。每个发展阶段又经历若干的不同发展时期。在资本主义历史时代，在资本主义社会形态母体内已经孕育形成了社会主义这一新的社会形态因素，但目

---

① 《马克思恩格斯文集》第2卷，人民出版社2009年版，第32页。

前尚不占据世界体系的统治和主导地位。

一、资本主义孕育阶段

这一阶段是向资本主义社会过渡的准备阶段(14 世纪到 15 世纪 16 世纪之交)。

马克思指出:"资本主义社会的经济结构是从封建社会的经济结构中产生的。后者的解体使前者的要素得到解放。"①在全世界普遍处于封建制度统治的封建社会历史时代,资本主义在封建社会母体中度过了二三百年的孕育阶段,资本主义生产方式的形成是在封建母体内不断孕育生长,最后破壳而出的过程。14 世纪到 15 世纪 16 世纪之交,是封建社会逐步瓦解,资本主义社会因素逐步形成,资本主义萌芽出现,向资本主义社会过渡的准备阶段。

从世界历史进程来看,资本主义生产关系最早发生在西欧。14—15 世纪,伴随西欧若干城市封建结构的逐步解体,西欧手工业生产技术和农业生产技术取得进步,扩大了社会分工,商品生产和交换也发展起来了,在地中海沿岸的某些城市已经零星而稀疏地孕育了资本主义生产的萌芽。资本主义生产关系率先并主要在西欧开始萌生,至 16 世纪初西欧诸国手工业生产分成许多专业化部门,专门行业数量大为增加,在西欧的一些城市已经开始孕发了资本主义生产方式萌芽。资本主义萌芽产生的具体体现:一方面是由商人资本家掌握的资本主义手工工场出现了;另一方面是商人资本家控制小生产者,把他们变成雇佣工人,雇佣关系的出现标志着资本主义生产

---

① 《马克思恩格斯文集》第 5 卷,人民出版社 2009 年版,第 822 页。

关系的产生。资本主义的产生成长过程,也就是在封建社会母体中孕育形成的过程,是资本主义社会逐步代替封建社会的过程,这个过程是一个漫长、不断较量、逐步发展的过程。

圈地运动、舆论斗争、宗教改革是向资本主义过渡的"三板斧"。经过 14 世纪由封建贵族开始的直到 18 世纪由新生资产阶级继续的圈地运动,发端于 14 世纪的意大利、经 15 世纪到 16 世纪极盛的资产阶级文艺复兴运动和 16 世纪始于德国的宗教改革,资本主义在欧洲封建社会的母体中逐步孕育成熟。

剥夺农民的圈地运动,对于开始出现的资本主义生产关系产生了巨大的推动作用。早在 14 世纪,随着养羊业、毛纺业的发展,封建地主贵族圈占农村公有土地、农民私有土地和租地农民的土地的现象在英国已经出现。15 世纪的最后 30 年到 16 世纪,直至 18 世纪,新兴资产阶级对农民土地的暴力剥夺,已经成为资本主义生产方式成熟发展的重要推力。圈地运动实现了生产者和生产资料的分离,为资本主义农业夺取了土地资源,为资本主义的城市工业提供了劳动力和原材料。一方面造就了新的生产力的活劳动——工人阶级。圈地运动让农民失去生产资料,成为到市场上出卖劳动力,为别人劳动才能生存的自由劳动者,为资本主义准备了活劳动。另一方面又造就了新生的资产阶级,剥夺了农民的土地,为资产阶级积累了财富和资本,也使资产阶级发展起来了。圈地运动使封建社会自给自足的生产方式逐步解体,让位给资本主义的手工业工场,如纺织工场。

毛泽东同志指出,"凡是要推翻一个政权,总要先造成舆论,总要先搞意识形态方面的工作。无论革命也好,反革命也好"①。始于

---

① 中共中央文献研究室编:《毛泽东年谱(1949—1976)》第 5 卷,中央文献出版社 2013 年版,第 153 页。

意大利的资产阶级文艺复兴运动是资产阶级革命的舆论准备,是资产阶级的意识形态斗争。

　　16 世纪最早爆发于德国的宗教改革是一场反对封建教会的革命运动,它由意识形态斗争转变成群众的政治斗争。在中世纪的欧洲,天主教是封建制度最顽固的政治堡垒,它"把整个封建的西欧联合为一个大的政治体系……它给封建制度绕上一圈神圣的灵光。它按照封建的方式建立了自己的教阶制,最后,它本身就是最有势力的封建领主,……要想把每个国家的世俗的封建制度成功地各个击败,就必须先摧毁它的这个神圣的中心组织"①。宗教改革是资产阶级政治斗争的工具,宗教斗争是资产阶级的政治斗争。16 世纪欧洲宗教改革拉开了资产阶级革命的序幕,反对天主教会的宗教改革浪潮席卷欧洲社会,农民和平民成为反对教会的主力,爆发了农民战争,农民起义斗争极大地动摇了欧洲封建制度的基础。

　　资本主义生产关系的形成与资产阶级的形成是一个同步的过程。在资本主义生产关系形成过程中,资产阶级作为人类历史上最后一个剥削阶级也逐步形成了。资产阶级在它形成的过程中,造就了它的对立面工人阶级,资产阶级形成了,同时早期的工人阶级也就孕育产生了。

二、资本主义确立阶段

　　这一阶段是资本主义原始积累阶段(16 世纪到 18 世纪中期)。

　　马克思在《资本论》中指出:"虽然在 14 和 15 世纪,在地中海沿

---

　　① 《马克思恩格斯选集》第 3 卷,人民出版社 2012 年版,第 761 页。

岸的某些城市已经稀疏地出现了资本主义生产的最初萌芽,但是资本主义时代是从 16 世纪才开始的。""世界贸易和世界市场在 16 世纪揭开了资本的现代生活史。"①16 世纪是资本主义原始积累的开端,是欧洲资本主义生产方式形成确立的开端,是资本主义社会形态形成确立的开端,也是世界资本主义历史时代的开端。从经济基础、生产关系上来看,资本主义历史时代开端的标志是资本主义工场手工业出现。从上层建筑、政治制度上看,资产阶级的经济实力发展到一定程度,产生了政治要求,需要掌握国家政治权力,爆发了资产阶级革命。资产阶级革命导致资本主义经济和政治制度的全面确立。16 世纪恰恰是欧洲资本主义工场手工业形成,并爆发资产阶级革命,建立资本主义经济制度和政治制度的开端时期。从 16 世纪到 18 世纪中期是资本主义的原始积累阶段,有人也称为重商主义或手工工场阶段。

任何新的生产方式的孕育形成,首先应归功于生产力的发展,生产力的变化引起了生产关系的变化,新的生产力与新的生产关系的结合,产生了新的生产方式。资本主义生产方式是封建社会自给自足经济发展到资本主义商品经济的必然产物。资本主义生产关系形成的过程是封建生产关系在广大农村逐步衰落并解体,资本主义生产关系逐渐伴随着城市发展而兴起的过程。资本主义生产方式萌发的具体体现是工场手工业的出现。雇佣关系是资本主义生产关系的基础和本质特征,这种关系的出现标志着资本主义生产关系的产生,工场手工业的形成是资本主义生产方式开始成熟的重要表现。工场手工业集中体现了资本主义生产方式的雇佣关系。15 世纪到 16 世

---

① 《资本论》第 1 卷,人民出版社 2004 年版,第 823、171 页。

纪,资本主义生产关系在欧洲孕育成长,完成了从家庭手工业向工场手工业的转变。从 16 世纪开始,资本主义在欧洲逐渐成熟起来,逐步形成了工场手工业生产方式,16 世纪下半叶资本主义工场手工业生产方式在欧洲已经开始占据统治地位。在 16 世纪资本主义生产方式因素逐步成熟的基础上,欧洲爆发了价格革命,促进了商业贸易,商业资本发展起来,推动了封建社会向资本主义社会过渡。资本主义世界的商业中心随之而改变,由葡萄牙转到西班牙,到 16—18 世纪,英国成为世界经济最活跃的国家,逐步发展成为资本主义的商业中心。

资本主义生产方式的确立过程就是资本主义原始积累的过程。所谓原始积累,首先是资本主义物质基础、资本财富的积累,是资本主义生产力的积累,同时又是资本主义生产关系、经济基础、上层建筑的全面积累。原始积累是资本主义生产方式最初的积累方式,是建立资本主义经济基础的最野蛮的经济剥夺,是资本主义经济实力的积累,是资本的积累,是资产阶级为了建立资本主义生产方式而进行的经济斗争。资本主义的原始积累主要是通过圈地运动、地理大发现、殖民制度、奴隶贸易、商业战争、价格革命而完成的,充满了血腥的剥夺、杀戮、流血和战争。除了赤裸裸的暴力掠夺,资产阶级还利用国债制度、税收制度、保护制度等,以比较隐蔽的方法掠夺人民的财富。

圈地运动是资本主义原始积累的起点。从 14 世纪开始,15 世纪末形成的大规模的圈地运动,16 世纪得到更大程度的推进,17—18 世纪进入鼎盛,圈地运动是资本主义原始积累的始作俑者,这血淋淋的原始积累手段,造成资本主义快速发展。原始积累实际上从 14 世纪圈地运动就开始了,一直发展到 15 世纪 80 年代,特别是经过 16 世纪的高潮至 18 世纪资本主义原始积累完成。原始积累,一方面发展了资本主义的生产力,另一方面在发展资本主义生产力的同时,发展了资本主义的生产关系。原始积累为资本主义工业革命创造了物质条件,进行了财富准备,极大地推动了资本主义生产力和生产关系的发展,促进了资本主义生产方式逐步占据世界历史的统治地位。16—18 世纪中期,是资本主义占领欧洲,进而从欧洲向全世界进军的阶段,或称资本主义工场手工业阶段,是资本主义生产方式逐步占据统治地位的阶段,是资本主义的确立阶段,也是资本主义的原始积累阶段。

15 世纪末到 16 世纪初的地理大发现,是资本主义原始积累的重要手段,导致欧洲国家的殖民扩张,是世界历史一次重要事变,为新兴资产阶级提供了广阔的活动舞台,推动资本主义生产力加速成长,是加速资本主义生产方式孕育形成的重要因素。马克思和恩格斯说:"美洲的发现、绕过非洲的航行,给新兴的资产阶级开辟了新天地。东印度和中国的市场、美洲的殖民化、对殖民地的贸易、交换手段和一般商品的增加,使商业、航海业和工业空前高涨,因而使正在崩溃的封建社会内部的革命因素迅速发展。"①1492 年哥伦布发现美洲,1522 年麦哲伦完成绕地球一周的航行,地理的大发现、新大陆的发现,引发了 16 世纪欧洲的殖民扩张,殖民扩张中的野蛮掠杀,如屠杀土著居民、抢夺金银财宝、侵占土地、奴役土著居民等,促成了殖民制度、奴隶贸易和殖民掠夺,这些残酷野蛮的行动加大了资本主义原始积累的力度和速度。

16—17 世纪,和地理大发现一同发生并迅速促进商业资本发展

---

① 《马克思恩格斯文集》第 2 卷,人民出版社 2009 年版,第 32 页。

的商业革命,在封建社会生产方式过渡到资本主义生产方式过程中起着主要推动作用,促进了新航路的开辟、殖民扩张和世界市场的形成,促进了世界贸易,促成了价格革命,促进了资本主义经济的兴盛,加速了封建主义的衰落和资本主义的发展。原始积累为资本主义的兴起提供了动力,为资本主义生产方式的形成积累了财富和资本,奠定了资本主义物质基础,推动了资本主义发展。

任何一个历史时代,即社会形态,无论是原始社会、奴隶社会、封建社会,还是资本主义社会,其成熟确立的标志是该社会的经济制度和政治制度是否占据该社会的主体地位。任何一个社会形态的经济制度都是该社会生产关系的总和,即经济基础的本质体现,任何一个社会形态的政治制度都是与该社会经济基础相适应的政治的上层建筑的本质体现,当一个社会形态的经济制度和政治制度占据该社会的主体地位,就标志着该社会形态已经确立,也就是该历史时代已经确立。换句话来说,看一个历史时代即社会形态是否成熟确立,首先要看该社会的生产方式是否占据了该社会的主体地位,与经济基础相适应的政治的上层建筑是否占据该社会的主体地位。一个社会形态的经济制度和政治制度,社会的经济基础和上层建筑在该社会中是否占据主体地位,是衡量一个社会形态是否成熟确立的标志。

随着资本主义经济基础在欧洲的形成,欧洲的资产阶级提出了掌握政权的政治要求,利用国家的力量维护和发展资本主义生产方式,于是资产阶级革命的时代就来临了。在西欧,爆发了四场急风暴雨式的资产阶级革命,在欧洲乃至世界上产生了重大影响:一是16世纪的尼德兰革命,二是17世纪的英国革命,三是18世纪的法国大革命,四是19世纪的欧洲革命。

16世纪初期到16世纪下半叶,欧洲在尼德兰爆发了第一场资产阶级革命,建立了欧洲第一个资产阶级共和国,史称"尼德兰革命",这意味着代表资本主义生产方式的新兴的资产阶级,已经带着夺取政权的要求走上政治舞台,标志着急风暴雨式的欧洲资产阶级革命的到来。

人类历史上任何一场社会革命都是经过急风血雨的反复斗争,没有任何一场社会革命是顺顺利利、一蹴而就的。英国 17 世纪 40 年代爆发了资产阶级革命,到 1688 年资产阶级革命成功,经过半个世纪的反复争夺,终于推翻了封建制度,确立了资产阶级专政的政治统治,彻底确立了在英国占统治地位的资本主义生产方式。马克思把英国的革命看作"欧洲的革命",认为它"宣告了欧洲新社会的政治制度","意味着新社会制度的胜利,资产阶级所有制对封建所有制的胜利"。[①] 英国的革命是资本主义历史时代替代封建主义历史时代的一场标志性的革命。英国资产阶级革命是一种剥削制度替代另一种剥削制度的革命,是资本主义历史时代的大革命,是人类历史由封建社会历史时代向资本主义历史时代转变的标志性的历史事件。

17 世纪的英国革命迅速引起了欧洲及全世界接二连三的资产阶级革命。从 17 世纪的英国革命到 18 世纪的法国大革命,再到 1848 年的欧洲革命,欧洲资产阶级在反反复复的反封建斗争中获得了决定性胜利。资产阶级革命说明,具备经济实力的资产阶级已不满足于自身的经济地位,需要掌握政权,并通过政权的力量巩固自己的经济实力。资产阶级革命的成功表明资本主义经济制度和政治制度在世界历史上占据了统治地位,宣告资本主义制度在世界历史上

---

① 《马克思恩格斯选集》第 1 卷,人民出版社 2012 年版,第 442 页。

战胜了封建主义制度。资产阶级革命确立了资产阶级经济制度和政治制度的统治地位,资本主义经济制度和政治制度的确立标志着资本主义社会的确立。

三、资本主义成熟阶段

这一阶段是资本主义自由竞争阶段(18 世纪中期到 19 世纪 20 世纪之交)。

18 世纪中叶爆发的英国工业革命是资本主义成熟并发展到自由竞争阶段的开端和标志。从 18 世纪中期到 19 世纪 20 世纪之交,是资本主义自由竞争阶段,其基本经济特征主要表现为自由竞争占据经济主导地位,工业资本居资本统治地位,商品输出是对外输出的主要形式,由大规模的商品输出、激烈的商品和贸易竞争、疯狂的殖民掠夺发展到对世界领土的瓜分和争夺。

17 世纪英国资产阶级革命为 18 世纪英国工业革命扫清了政治上的障碍。英国 18 世纪工业革命是资本主义从工场手工业到大工业生产的一次重大转变。从家庭手工业到工场手工业是资本主义生产的第一次历史性转变,从工场手工业到大工业生产又是资本主义生产的第二次历史性转变。这两次转变彻底确立了资本主义生产方式的统治地位,并使资本主义社会走向成熟。16 世纪以来工场手工业在欧洲逐渐成熟起来,到 18 世纪中期英国爆发了工业革命,标志着资本主义从工场手工业已开始向大机器工业过渡,过渡到自由竞争资本主义阶段。工业革命从 18 世纪中期英国开始一直到 19 世纪 40 年代,以蒸汽机的发明和应用为标志,实现了自然力代替人力的革命,致使机器制造业和交通运输业的革命性变革和蓬勃发展。工业革命给资本主义带来了三大转变:一是由农业社会转变为工业社会,二是由手工业生产转变为机器生产,三是由手工业生产机器转变为机器生产机器。英国工业革命带来了欧洲,乃至北美更大范围的工业革命,推动资本主义加速成熟。

经历工业革命,英国乃至整个资本主义社会阶级对立简单明了化了,整个社会日益分裂为两大直接对立的阶级——资产阶级和工人阶级。关于英国工人阶级最终形成的大致时间,恩格斯指出:"英国工人阶级的历史是从上个世纪后半期,随着蒸汽机和棉花加工机的发明而开始的。"[1]工人阶级最终成为一个阶级,是伴随着工业革命所造就的大工业生产方式的形成而完成的。

资产阶级的形成发展是不平衡的,资本主义的发展确立也是不平衡的,从欧洲到北美洲,再向亚洲、南美洲、非洲扩展,全世界逐步进入资本主义世界历史。

欧洲资产阶级革命的成功,向横跨欧亚大陆的俄罗斯蔓延。1861年俄国废除封建农奴制,开始迅速走上了资本主义发展道路。

资产阶级革命向美洲进军。在北美洲,美国资本主义的生产方式也已经发展到了非革命不可的地步。18世纪七八十年代,爆发了独立战争,使美国摆脱了殖民统治。19世纪60年代爆发了南北战争,美国资产阶级民族民主运动全面扫清了资本主义发展道路,资本主义政治制度在美国占据了统治地位,美国迅速走上了资本主义的发展道路。

19世纪60年代,资产阶级革命向亚非拉进军。在亚洲,19世纪的日本明治维新是不彻底的资产阶级革命,日本进行了从封建社会

---

① 《马克思恩格斯文集》第1卷,人民出版社2009年版,第388页。

向资本主义社会的转变。中国 1911 年爆发了民族资产阶级领导的辛亥革命。19 世纪中叶,亚洲掀起了反对封建主义和殖民主义的资产阶级民族民主革命的高潮。这些历史事件标志着亚洲开始了资本主义历史时代。在非洲,19 世纪中叶以来展开了反殖民主义斗争,到 20 世纪中叶以来,许多殖民地国家和民族相继独立,选择了资本主义的发展道路。在南美洲,18 世纪末到 19 世纪初,各殖民地爆发了一系列独立解放战争,也属于资产阶级民族民主革命范畴。

资产阶级革命向全世界蔓延,资本主义生产方式及其经济、政治制度向全球进军。经过 150 多年的资产阶级革命,资本主义从欧洲扩展到全世界,确立了资本主义生产方式和经济政治制度在全世界的统治地位,资本主义完成了统治世界历史时代的历史使命。

资本主义历史时代的确立并占据世界历史的主体地位,是一个漫长的、由量变到质变的过程。资本主义在世界各国的发展是不平衡的,发生并确立的时间有早有晚,先是资本主义生产方式萌芽在封建社会母体内的生成发展,逐渐成熟,经过几个世纪的成长,直至工业革命才使资本主义生产方式占据了世界经济的主导地位,最后形成确立,代替了封建社会生产方式。

资本主义生产方式发展使得资产阶级产生了政治要求,开始了旨在夺取政权的资产阶级政治革命。资产阶级政治革命的成功和胜利,建立了资产阶级专政的国家,凭借上层建筑的力量进一步推进资本主义生产关系的发展。19 世纪中期以来,资本主义生产方式在世界的统治地位得以巩固,在全球全面确立了资本主义经济政治制度。刚开始的英国资产阶级革命是带有妥协性的革命,建立了君主立宪制,后来爆发的一系列资产阶级的彻底革命,使得资产阶级民主制也发展起来了。资本主义经济政治制度统治地位得以巩固,封建社会退出历史统治舞台,资本主义进入了自由竞争资本主义成熟阶段。

四、资本主义最高阶段

这一阶段是垄断资本主义,也即帝国主义阶段(19 世纪 20 世纪之交至今)。

19 世纪末到 20 世纪初,资本主义由自由竞争发展至垄断,进入垄断资本主义发展阶段。垄断资本主义,即帝国主义是资本主义发展的最高阶段,也是资本主义的最后阶段。

从整体上来说,到了垄断资本主义阶段,资本主义从上升革命阶段进入了下降反动阶段。当然垄断资本主义阶段也分若干个时期,最高阶段是一个过程,这个过程呈现出波浪式的、有升有降的逐步发展的过程,最高阶段发展到高峰期则开始下降。说资本主义进入下降、衰退、反动阶段是就总体、长期而言,并不排斥垄断资本主义在某个时期的发展、某个局部(如某些国家、地区)的发展。垄断资本主义的发展,有一个从私人垄断发展到国家垄断,再发展到今天的国际金融垄断的逐步发展的过程。垄断资本主义发展迄今为止大体上分三个时期,已经经过了两个时期,从私人垄断时期到国家垄断时期,现在进入第三个时期国际金融垄断时期。

与垄断资本主义发展的三个历史时期相一致,科学社会主义运动发展也经历了三个历史时期。第一个时期是与私人垄断资本主义大体吻合的帝国主义和无产阶级革命时期;第二个时期是与国家垄断资本主义大体吻合的社会主义发展由高潮进入相对低潮时期;第三个时期是与国际金融垄断资本主义时期大体吻合的社会主义驶出低潮时期。

第一个时期，私人垄断资本主义时期（19世纪20世纪之交至20世纪40年代）。经过19世纪中叶以来的自由竞争资本主义的迅速发展，从19世纪70—90年代世界资本主义向帝国主义过渡，到19世纪末20世纪初，资本主义由自由竞争发展到垄断，进入私人垄断资本主义时期。私人垄断是资本主义发展的第一个垄断形式，也是垄断资本主义发展的第一个时期。

19世纪最后30年，资本主义开始由自由竞争阶段向垄断阶段发展。自由竞争资本主义在19世纪60年代到70年代发展到顶点。于1873年爆发了严重的经济危机和欧洲经济的长期萧条，促使资本快速集中，垄断组织加速成长，促成了资本主义从自由竞争向垄断阶段的过渡转折。列宁指出："帝国主义，作为美洲和欧洲然后是亚洲的资本主义的最高阶段，截至1898—1914年这一时期已完全形成。美西战争（1898年），英布战争（1899—1902年），日俄战争（1904—1905年）以及欧洲1900年的经济危机，——这就是世界历史新时代的主要历史里程碑。"①在私人垄断资本主义时期，一方面，资本主义有了更加迅速长足的发展，比18—19世纪资本主义的发展更为迅猛，科技创新带动了生产力的发展，资本主义大工业生产从"棉纺时代"依次进入"钢铁时代""电气时代"，社会化大农业生产方式已经形成，国际贸易、资本输出、金融资本有了极大发展，整个世界全部卷入资本主义市场体系的旋涡，形成了资本主义世界体系。另一方面，资本主义基本矛盾越来越激化，越来越尖锐，19世纪上半叶，即1825年英国爆发了第一次经济危机。从那时开始，资本主义进入了轮番爆发经济危机的阵痛之中。第一次世界大战、第二次世界大战前后

---

① 《列宁选集》第2卷，人民出版社2012年版，第705页。

的世界性经济危机,导致资本主义社会矛盾异常激烈,致使两次世界大战爆发,两次世界大战是资本主义基本矛盾白热化的集中表现。特别是1929—1933年世界性经济危机爆发,使资本主义的矛盾空前激化、引发第二次世界大战。接连爆发的世界经济危机和两次世界大战表明,资本主义逐渐呈现出严重的下降衰退迹象,资产阶级越发走向反动。

第二个时期,国家垄断资本主义时期(第二次世界大战后至20世纪八九十年代)。第二次世界大战结束以来,在西方主要发达资本主义国家,凯恩斯主义盛行,主张国家干预经济,主要是在北美、欧洲和日本,尤为在美国,资本主义由个人垄断发展到国家垄断,国家垄断资本主义在全球空前而普遍地发展起来,垄断资本主义进入国家垄断时期。国家垄断资本主义的特征是垄断资本同国家政权相结合,国家的经济干预调控作用日益加强,国家直接干预经济的一切部门,推进国有化,以保证垄断资本的最大利润和资本主义制度的巩固。20世纪50—70年代既是资本主义国家垄断发展期,又是工人运动和社会主义运动风起云涌的时期。

在国家垄断资本主义时期,社会主义力量、民族民主力量经历了一个由高潮到低潮乃至低谷的过程,资本主义却呈现了由低潮向高潮的发展过程,世界资本主义经历了一个较长时期的和平发展。

第二次世界大战后,两大阵营冷战、国际局势紧张、两超争霸,资本主义进入一个新的发展时期。一方面,社会主义和民族民主解放运动出现高潮,社会主义力量和争取独立解放的民主主义力量得到极大加强,形成了以苏联为首的社会主义阵营和争取民族解放的反帝反封建反殖民运动的最广泛的统一战线;另一方面,资本主义陷入空前的困难而不得不进行改良,资本主义不得不放低身段,改变过去的某些政策,导致资本主义开始呈现相对缓和的发展。推动资本主义自我改良的动力,一是来自蓬勃兴起的社会主义运动。20世纪上半叶兴起的社会主义高潮对资本主义自我调整和改良产生了巨大压力,如果资本主义不进行改良和调整就难以生存,同时社会主义运动成功的因素也使资本主义有了可资吸取的经验。二是资本主义自身存在的严重危机和矛盾也迫使其必须进行调整与改良。否则,它必难以为继。

　　20世纪30年代发生的史无前例的资本主义经济大危机、大萧条,第二次世界大战的战争动乱,几乎把资本主义制度逼上灭绝的边缘,迫使资产阶级政治家进行反思,在一定程度上吸取了资本主义矛盾激化所带来的两次世界大战的惨痛教训,较为深入地认识到资本主义在发展进程中所暴露出来的,把其带入毁灭的某些制度弊端,吸取社会主义所主张的某些社会政策,同时采纳了凯恩斯的国家干预理论作为对自由放任的资本主义市场经济理论的补充和替代,进行了一系列的资本主义的自我调整和改良,调整资本主义及其发展模式的某些缺陷。譬如,资本主义统治阶级从剥削工人阶级和劳动人民的高额利润中,从发达资本主义国家对发展中国家的盘剥利润中拿出一部分利润用于民生;实行高额累进税和遗产继承税,对工人阶级及人民大众实行"福利政策",以缓和社会矛盾;倡导高福利、高工资、高税收的"三高"政策,加大社会保障、社会救助、社会福利的力度;增加中等收入群体数量,形成"两头小中间大"一度稳定的橄榄型社会格局,这在一定程度上缓和了第二次世界大战之前绷得十分紧张的阶级矛盾。再譬如,垄断资本主义各国的资本家利益集团收买并豢养了一批工人贵族,一些工人政党和工会组织堕落成资本家阶级的帮佣。但经过资产阶级的某些改良和政策调整,工人阶级和其他劳动人民群众的生活条件比第二次世界大战前有较大改善,阶级矛盾和阶级斗争在一定程度上有所缓和,资本主义进入了相对缓和的发展时期。一方面,高新技术的进步使资本主义生产力有了高速发展,从"电气时代"进入"电子时代""信息时代""人工智能时代",资本主义进入全球化进程。另一方面,资本主义生产关系的局部改良使其生产关系、经济基础有了很多新的变化,国家垄断代替私人垄断,成为资本主义最基本的重要特征。

从 1948 年左右到 1970 年左右是资本主义国家发展的"黄金时期"。资本主义经过 20 多年的高速发展,积累了社会财富,也积累了生产过剩和矛盾,产生了严重的"滞胀"问题,即高失业率与高物价上涨同时并存出现了"滞胀"综合征和经济危机。1973—1975 年波及各主要资本主义国家的极其严重的经济危机是发达资本主义各国从高增长趋于相对停滞的转折点。凯恩斯主义的实施到 20 世纪 70 年代以来的资本主义危机、衰退,造成新自由主义取代凯恩斯主义的契机。紧接着 1979—1983 年美国和西欧诸国爆发了又一轮严重的经济危机,陷入比 1973—1975 年更为严重的危机旋涡,时间长达四年之久尚未见底。这两次经济危机表明,国家干预和调节经济的凯恩斯主义并不是万灵药方,于是 20 世纪 80 年代以后,英国首相撒切尔夫人和美国总统里根极力推介新自由主义以取代凯恩斯主义,主张国家干预经济的凯恩斯主义失去了魅力,新自由主义逐渐兴起。当然虽有"滞胀"综合征,但资本主义不是没有发展,也并不排斥某些发展,只是发展整体放缓。进入 20 世纪 90 年代初叶,西方发达国家又陷入一场新的经济衰退和增长停滞,于是英国首相布莱尔又提出"第三条道路"企图把国家干预主义与新自由放任主义的某些方面结合起来,以推进经济的发展。布莱尔"第三条道路"的本质还是遵从新自由主义的原则。

20 世纪 70 年代末至 80 年代初,新自由主义受到美国当政者的青睐与推崇,成为西方国家主流经济学派和西方经济政策的指导思想。到了 20 世纪下半叶,美苏为首的两大阵营对峙,冷战加剧,发展到八九十年代苏联解体、东欧剧变,两超变一超,两霸变一霸,垄断失去对手和制衡力量,社会主义进入低潮。新自由主义嚣张一时,不可一世,资本主义再次进入相对高速发展时期。当然,资本主义的缓和只是相对缓和,发展只是相对发展,并没有消除资本主义整体停滞下降和固有矛盾。

20 世纪八九十年代苏联解体、东欧剧变,标志着社会主义跌入低谷,而国家垄断资本主义却发展到了高峰。20 世纪八九十年代到 20 世纪末,新自由主义取代凯恩斯主义,成为资本主义主流意识形态,新自由主义是对全球产生重大影响的资产阶级政治经济学理论,"华盛顿共识"就是新自由主义的"杰作"。经过凯恩斯主义到新自由主义的政策调整,资本主义又有了一定发展。资本主义的少数预言家鼓吹的社会主义"终结论"和资本主义"千年王国"论就是其理论反映。西方掀起反共反社会主义的高潮,新自由主义大肆流行,巩固和扩大了西方垄断资本主义的影响力。

第三个时期,国际金融垄断资本主义时期,即当代资本主义、当代帝国主义时期(20 世纪末至今)。20 世纪末以来,新一代超巨型跨国公司,特别是超巨型跨国金融公司的大发展和对外扩张,促进资本主义由国家垄断时期进入了国际金融垄断时期。

资本主义在这个时期也有一个从高向低的发展进程,从发展的最高处开始下降。在这一进程中,自 20 世纪八九十年代苏联解体、东欧剧变之后,又发生两起国际性的重大事变:一是 2008 年爆发的世界金融危机;二是2020年暴发的世界性新冠肺炎疫情。大肆推行新自由主义,带来近30年的资本主义无序和持续扩张发展,造成严重的生产过剩,必然结果是2008年爆发金融危机,新自由主义破产。

2008年爆发的世界金融危机是人类进入21世纪的一件带有转折性的历史事件,是资本主义发展至高峰开始迅速衰退的标志。2008年国际金融危机和欧洲债务危机开启新一轮资本主义经济下行,这是20世纪八九十年代以来资本主义扩张所积累的严重的全球生产过剩,及其所产生的一系列结构性矛盾的必然结果。以2007年爆发的美国次贷危机所引发的世界金融危机以致世界经济危机为转折点,当代资本主义不可避免地跨进了萧条期,美国的衰落就是典型。

美国一超独霸,大打"单边主义""霸权主义"牌,少数社会主义国家被围剿,发展中国家成为军事入侵和经济盘剥的对象,标志着资本主义发展到了其生命的最高阶段的高峰期。发展至高至极,恰恰是其衰落并日益走向反面的起始。从苏联解体、东欧剧变至2008年世界经济危机仅仅不到30年时间,资本主义整体开始呈现明显的又一轮衰退。苏联解体、东欧剧变之后,独霸全球控制全世界财富的欲望推动美国帝国主义接连发动了一系列世界性的局部战争,消耗了它的力量,使美国踏上了衰落下降的不归之路。不可一世的美国,从支持北约东扩,打压俄罗斯,到打着反恐旗号,接连发动海湾战争、阿富汗战争、南斯拉夫战争、利比亚战争、叙利亚战争,从美苏对立到美俄对仗、美朝对峙、美委对斗、美伊对决,美国虽然穷凶极恶、不可一世,但色厉内荏、力不从心。

2008年世界金融危机对美国是重拳一击,2020年新冠肺炎疫情暴发更是雪上加霜,造成世界经济大衰退,加速了资本主义的整体衰落,特别是加速了美国帝国主义衰落的速度。在美国衰退之前,英国经过两次世界大战的折腾,早已从"日不落"帝国落魄成美国的小伙伴;欧洲其他国家,如法国、意大利等自第二次世界大战后也进入了衰退期;日本、德国在第二次世界大战后,作为战败国,在美国扶持下很快地发展起来了,但又迅速开始了下降期。

与此形成鲜明对照的是,中国特色社会主义成功战胜了 2008 年的世界金融危机,并在 2020 年至今的抗疫斗争中取得了决定性胜利,彰显了社会主义制度的优越性,意味着社会主义从低谷驶出,向上向前发展,高歌猛进。

由于资本主义生产方式,从私人垄断、国家垄断到国际垄断,从工业资本垄断到商业资本垄断,再到金融资本垄断,在资本主义私有制条件下,生产资料和财富越来越集中到少数金融资本垄断寡头及其利益集团手中。高新技术发展和经济全球化带来更大规模的生产社会化与更加集中的资本主义私人占有之间的矛盾越发激化,表现为一系列危机与局部战争的爆发。垄断资本主义的生产力越来越社会化、全球化,促成了生产关系的调整和转化,生产资料私有制向更为集中、更为垄断的方向发展,也就是说,资本主义的生产力和生产关系相背而行、越发矛盾,私人占有更向少数国际金融垄断资本寡头手里集中,而生产却越发社会化,资本主义的基本矛盾不仅没有消除,反而更加尖锐。从自由竞争到私人垄断,到国家垄断,再到国际金融垄断,三次转变并没有解决资本主义的基本矛盾,反而使基本矛盾更加激化,导致经济危机 10 年左右一轮,愈演愈烈,规模越来越大,从没有间断过。第二次世界大战后的世界性局部战争也从未间断过。资本主义的基本矛盾表现为无产阶级与资产阶级、社会主义国家与资本主义国家、垄断资本主义发达国家与发展中国家之间的矛盾越发激化。

　　关于国际金融垄断资本主义,本书专门辟章论述,这里点到为止,不多赘言。

第 四 章

当今仍处于资本主义历史时代，
仍处于垄断资本主义发展阶段

如果从资本主义萌生孕育开始算起，资本主义已经走过六七百年的历史了；如果从它形成确立算起，也已经走过四五百年的历史了。回顾资本主义孕育、出生、确立、成长、发展直至从顶峰开始下降的历史进程，观潮起潮落，可以得出以下几个结论性的判断。

一、我们现在仍处于马克思主义所指明的
资本主义历史时代，仍处于列宁主义
所判断的垄断资本主义发展阶段

习近平总书记在 2017 年 9 月 29 日中共中央政治局集体学习时明确指出："时代在变化，社会在发展，但马克思主义基本原理依然是科学真理。尽管我们所处的时代同马克思所处的时代相比发生了巨大而深刻的变化，但从世界社会主义 500 年的大视野来看，我们依然处在马克思主义所指明的历史时代。这是我们对马克思主义保持

坚定信心、对社会主义保持必胜信念的科学根据。"①马克思主义所指明的历史时代是什么样的时代呢？笔者在本书第二章中已经阐明，马克思、恩格斯按照唯物史观关于社会形态演变理论，根据"经济的社会形态"的根本性质来划分历史时代，把历史时代划分为原始社会、奴隶社会、封建社会、资本主义社会等历史时代，经过无产阶级专政的社会主义过渡，将进入共产主义社会历史时代。社会主义社会是共产主义社会的第一阶段。他们在《共产党宣言》中明确指出："我们的时代，资产阶级时代"②。他们在这里所讲的"时代"概念不是我们从党和国家发展角度所提出的中国特色社会主义进入"新时代"的时代概念，而是唯物史观所阐述的大的"历史时代"的时代概念。从时代的根本性质和大的历史进程来看，从全球范围来讲，我们现在仍然处于资本主义社会形态占主导地位的历史时代，而这个时代又发展到经过社会主义过渡，最终取代资本主义而进入共产主义的历史阶段，充满了社会主义与资本主义两种制度、两条道路、两种命运的斗争。

当然，我们当下所处的大的"历史时代"，在其发展进程中，又分为不同的发展阶段。如果从资本主义原始积累算起（当然，在原始积累资本主义阶段之前，资本主义还有一个孕育准备阶段），到完成原始积累，确立资本主义制度的自由竞争资本主义，到垄断资本主义，再到今天的当代资本主义，我们所处的资本主义历史时代已经经历了两个阶段，正处在第三个阶段。第一个阶段是原始积累资本主义阶段，这是资本主义形成确立阶段，也是资本主义的上升、革命阶段，这个阶段一方面是资本主义血腥残酷的物质财富积累阶段，也是资本主义生产方式的积累阶段，既存在资产阶级对工人阶级、农民阶

---

① 《习近平谈治国理政》第二卷，外文出版社 2017 年版，第 66 页。
② 《马克思恩格斯选集》第 1 卷，人民出版社 1995 年版，第 273 页。

级和其他劳动人民的剥削，又存在资产阶级领导受封建阶级统治压迫的各阶级向封建主义展开的革命斗争，资产阶级革命是该时代阶段性主题。第二个阶段是自由竞争资本主义阶段，这就是马克思写作《资本论》时所看到的世界，工人阶级和社会主义运动的兴起是该时代的阶段性主题。第三个阶段是垄断资本主义阶段，又可以称作帝国主义阶段。资本主义从竞争走向垄断，就是列宁写作《帝国主义论》时所看到的世界。资本主义以垄断代替竞争，进入资本主义发展进程中最后的、腐朽的、垂死的发展阶段。垄断资本主义就是帝国主义，帝国主义是资本主义的最高阶段，也是最后阶段。在该阶段，帝国主义把世界瓜分完毕，为争夺殖民地而"狗咬狗"地打了起来，爆发了两次世界大战。无产阶级革命兴起，科学社会主义从理论走向实践。列宁把这个阶段称作帝国主义和无产阶级革命时代。列宁这里所讲的时代不是指大的"历史时代"，而是指大的"历史时代"的特定历史阶段，列宁所处的垄断资本主义是垄断资本主义的私人垄断资本主义时期。列宁认为该阶段、该时期的阶段性时代主题是革命与战争。当然列宁关于垄断资本主义的科学判断，既是对垄断资本主义一般规律、本质特征的科学认识，也包括对私人垄断资本主义特征、规律的科学认识。列宁的判断是正确的，在帝国主义和无产阶级革命时代，爆发了十月革命、中国革命以及东方殖民地与半殖民地国家的民主革命，出现了一个社会主义阵营和一系列摆脱殖民统治的发展中国家。

现在处在什么样的阶段，有三种不同的看法。一种看法认为现在仍处在列宁所判定的垄断资本主义，即帝国主义阶段，然而情况发生了巨大变化，已经从私人垄断发展到国家垄断，现在进入垄断资本主义新的发展时期，即国际金融垄断时期。还有一种看法认为现在已经进入一个新的阶段,进入资本主义的第四个发展阶段了,有的叫新帝国主义阶段,有的叫国际垄断资本主义阶段,有的叫金融垄断资本主义阶段,有的叫现代资本主义阶段,等等。第三种看法认为,当代资本主义已经发展到可以"和平过渡"到社会主义的阶段了。究竟是原来的阶段还是新阶段,是什么样的阶段? 可以讨论。笔者认为,历史发展的每一个阶段和每一个阶段之间并不是截然分开、完全不同的,历史发展阶段是有连续性的,同时每个阶段又具有与其他阶段不同的特征。比如,整个资本主义历史时代是一个完整的、连续的、具有自己本质特征的历史进程,同时它又在发展进程中形成不同的发展阶段,如原始积累资本主义阶段、自由竞争资本主义阶段、垄断资本主义阶段。而资本主义历史时代的每一发展阶段,又分为不同的发展时期,如垄断资本主义阶段,已经经过私人垄断时期、国家垄断时期发展到当代的国际金融垄断时期。然而,不论资本主义发展到何阶段何时期,它都不能完全截断与前后阶段以及不同时期的连续性与同一性。垄断资本主义以垄断为主,但竞争依然存在。当今的垄断资本主义仍然保留着垄断资本主义,即帝国主义的特征,但又有新的变化。列宁分析的垄断资本主义的特征,当代资本主义都有,同时它又形成新的特征。笔者认为,当代资本主义呈现出新的变化和特征,但它仍然是垄断资本主义,仍然是帝国主义,只不过是经过私人垄断、国家垄断两个发展时期,进入国际金融垄断新的发展时期,呈现出许多新型帝国主义的新特征。但资本主义、垄断资本主义,即帝国主义的基本特征依然存在,当代资本主义更不是已经发展到"和平过渡"到社会主义的新阶段,当代资本主义"和平过渡"到社会主义的新阶段的判断是错误的。

不管如何判断,马克思主义所指明的大的"历史时代"没有改变,资本主义的基本矛盾没有改变，垄断资本主义，即帝国主义的基本特征没有改变，资本主义灭亡、社会主义胜利的历史必然趋势没有改变。由于殖民地或半殖民地人民的斗争、工人阶级的斗争，争取独立和社会主义的斗争、争取和平与发展的斗争成为一波又一波的时代潮流。当今，垄断资本再用过去压迫剥削本国工人阶级及其广大人民群众的榨取办法，再用直接野蛮掠夺殖民地或半殖民地人民的盘剥办法已经过时了，形势迫使垄断资本改变了掠夺方式，采取了间接的盘剥办法，如金融掠夺。争取和平与发展成为阶段性的时代主题。

总体上看，当下我们仍然处于资本主义生产关系占统治地位的历史时代，然而该历史时代已经前进到社会主义逐步取代资本主义的历史进程，也就是说资本主义经过革命阶段、兴盛阶段以后，正处于衰落阶段，当然其衰落期也是很漫长的，在漫长的衰落过程中并不排斥个别的、局部的、一时的发展。资本主义的替代物——社会主义以及将来的共产主义，已经从"一个幽灵"即弱小的新生儿阶段走向现实实践阶段，在资本主义社会体系内部形成了崭新的社会形态——社会主义社会，占世界人口不到 1/4 的中国，已经成功地走出了中国特色社会主义道路，世界社会主义力量不断壮大，进入一个新的发展进程。资本主义下降，社会主义上升。虽然在该进程中，社会主义相比资本主义来说仍然不占优势，但它却是不可忽视的社会进步力量，代表着人类的未来。辩证法告诉我们，一切新生事物都是不可战胜的，社会主义必胜。

在准确判断历史时代的基础上，可以对当前国际社会基本矛盾、主要矛盾和发展态势作出判断。当今世界是资本主义生产方式占统治地位的世界，分析当今世界基本矛盾，绕不开对资本主义社会基本矛盾的分析。马克思主义经典作家认为资本主义社会基本矛盾是生产的社会化和资本主义私人占有的矛盾，这个基本矛盾表现在阶级关系上就是工人阶级及广大劳动人民与资产阶级的矛盾,表现在社会制度上、发展走势和道路选择上,表现为社会主义与资本主义两条道路、两种制度、两个前途、两种命运、两股阶级力量的矛盾与斗争。在今天,特别是社会主义代替资本主义的博弈更为尖锐、更为激烈,也更为突出。这正像习近平总书记所指出的那样,科学社会主义创立至今,社会主义和资本主义两条道路、两种制度的斗争一刻也没有停止,绝不是今天才有的。①

当然,按照辩证法来看,社会主义的发展也是曲折地前进、波浪式发展、螺旋形上升的,绝不是一帆风顺、一马平川、一路凯歌的。放在大的历史时空跨度上观察,作为代表新的社会形态的社会主义,从空想主义到科学社会主义理论,从科学社会主义理论到社会主义实践运动,从社会主义实践运动到社会主义制度现实;从 1848 年《共产党宣言》问世,到十月革命胜利,再到中国革命胜利和社会主义阵营的形成,一路向前发展,当然其中也有挫折和起伏。20 世纪八九十年代,苏联解体、东欧剧变,社会主义一下子跌入低谷。从那时到现在三十年过去了。"三十年河东,三十年河西",中国高举社会主义旗帜,坚持改革开放,走出了一条中国特色社会主义道路,"风景这边独好"。而西方资本主义诸国经过 2008 年的世界金融危机和 2020 年的新冠肺炎疫情的打击,迅速呈现大萧条。社会主义驶出低谷,资本主义进入新一轮衰落。这就是社会主义与资本主义两种社会形态斗争的现状与趋势。

资本主义发展到今天,资本主义社会基本矛盾没有改变,而是更为尖锐、更为激化。资本主义社会的基本矛盾,展开为社会主义与资

---

① 参见洪晓楠、邱金英:《当代文化帝国主义思潮研究》,人民出版社 2018 年版,第 277—278 页。

本主义之间的矛盾，国际金融垄断资本主义、资本主义国家内部工人阶级及广大人民群众与资产阶级之间的矛盾，国际金融垄断资本主义国家与其他发展中国家之间的矛盾，国际垄断资本主义国家之间的矛盾。从这些矛盾现实出发观察世界，就可以对国际问题、国际关系、国际局势以及其走向作出科学判定。资本主义的基本矛盾在国际金融垄断资本主义现时期，必然转为不断爆发的国际性金融危机，乃至全面性的世界经济危机、资本主义的制度危机。这种危机是国际社会的各类矛盾更加激化的集中表现。这是当前一切国际斗争激化、争端激烈、战争爆发的总根源、总原因，当前国际上各类热点、焦点问题，爆发各类争端，都是由这类矛盾引发的。

二、资本主义及其代表性阶级资产阶级在上升期曾是进步的、革命的

"资产阶级在历史上曾经起过非常革命的作用。"[1]资本主义社会代替封建社会是人类社会生产方式的一次伟大革命，是人类历史的一次伟大进步。资本主义在形成发展进程中，以极大的创造力和极其迅猛的速度，创造了超过封建社会几千年才能创造出来的经济政治文明，推动生产力的发展，创造了强大的物质财富、精神财富和制度财富，对人类社会作出了历史性的重大贡献。资本主义在全世界夺取经济统治地位和政治统治权的进程中，经历了前赴后继、曲折反复的革命过程，显示出资产阶级的历史进步性和革命性，显示出资本主义社会相较封建社会的制度优越性。

---

[1]　《马克思恩格斯选集》第1卷，人民出版社1995年版，第274页。

三、资本主义及其统治阶级资产阶级
步入衰落期,成为落后的、反动的

当资产阶级建立并巩固了自己的经济政治统治,并作为统治阶级把资本主义经济政治制度推向了顶峰,主导了全世界,也就开始了资本主义及其统治阶级资产阶级的衰落,资产阶级堕落为落后的、反动的阶级,资本主义社会进入了不可遏制的下降期,这是资本主义作为人类最后一个剥削社会不可克服的内在矛盾运动所决定的,也是资产阶级的剥削阶级本性所决定的,是任何人所改变不了的。19世纪末20世纪初资本主义由自由竞争阶段发展到垄断阶段,资本主义开始进入整体的衰退期。当然,资本主义进入发展的衰退期,是就总体趋势而言的,并不排斥在整个衰退进程中会出现一时的发展,局部的上升,暂时的稳定,间隔的繁荣。

四、资本主义无论处于任何时期,其剥削的
本性都是一如既往不可改变的

马克思说:"资本来到世间,从头到脚,每个毛孔都滴着血和肮脏的东西。"[①]在封建社会母体中,资本主义一出生就暴露出嗜血的剥削阶级本性。新兴的资产阶级是靠剥夺农民阶级,剥削工人阶级,靠强盗般的圈地运动、殖民掠夺,靠战争屠杀,而完成资本主义原始积累,进入高速发展阶段,并维持至今的世界统治地位。然而不论是

---

① 《马克思恩格斯选集》第2卷,人民出版社1995年版,第266页。

在上升期还是下降期,其剥削阶级本性都是不可改变的。尤其是进入下降衰落期后,寄生、腐朽和垂死性更强化了其残酷、狡猾地压迫剥削世界人民的本性。当人民奋起反抗,建立新的社会制度时,它会拼命地反对,甚至不惜血本,用战争和屠杀,维护资本主义制度的存在,保障资产阶级政权的稳固。

五、资本主义历史时代始终贯穿着两极分化、 阶级矛盾激化和激烈的阶级斗争

资产阶级出于对该阶级整体利益、根本利益的考量权衡,也会采取一些缓和矛盾、减缓两极分化的政策和举措,但从根本上是解决不了两极分化和阶级对立问题的。资本主义的两极分化表现为两个方面:一方面是穷人与富人的分化与对立,一方面是穷国与富国的分化与对立。西方发达资本主义国家凭借雄厚的国家实力,通过资本垄断、不等价交换、资本输出等手段,特别是依靠国际金融垄断资本的输出和国际循环,加强对发展中国家的盘剥,在国际市场上大肆掠夺,攫取高额利润,造成穷人越穷,富人越富;穷国越来越穷,富国越来越富,两极分化和对立越来越大。

六、资本主义历史时代始终贯穿社会主义 与资本主义、无产阶级与资产阶级的 矛盾斗争主线

资本主义在其萌芽期就产生了社会主义思想和运动,资产阶级一出现就造就了它的对立面和掘墓人——无产阶级。"资产阶级不仅锻

造了置自身于死地的武器;它还产生了将要运用这种武器的人——现代的工人,即无产者。"①在资本主义从萌生、发展到衰落,直至灭亡的整个历史进程中,始终贯穿着资产阶级与工人阶级两大社会力量、资本主义与社会主义两种社会前途命运的矛盾斗争,只不过经过了从社会次要矛盾上升为社会主要矛盾的转化。当资产阶级处于革命期,资本主义与封建主义、资产阶级与封建阶级的矛盾是社会主要矛盾,资产阶级与工人阶级、社会主义与资本主义的矛盾会暂时处于次要矛盾地位。当资本主义社会替代了封建社会以后,无产阶级与资产阶级、社会主义与资本主义之间的矛盾就会上升为社会主要矛盾。历史越前进,社会主义越发展,无产阶级越强大,资本主义越下降,资产阶级越落后退步,这种斗争就越激烈,这不是以人的意志为转移的。

总而言之,正如习近平总书记指出,"就从国际金融危机看,许多西方国家经济持续低迷、两极分化加剧、社会矛盾加深,说明资本主义固有的生产社会化和生产资料私人占有之间的矛盾依然存在,但表现形式、存在特点有所不同"②。我们现在所处的仍然是列宁所判定的资本主义发展的最高阶段,即垄断资本主义阶段,垄断的基本特征没有改变,帝国主义本性没有改变,资本主义的基本矛盾没有改变。当然也发生了重大改变,垄断的特征从个人垄断发展到国家垄断,再到国际金融垄断,形成了垄断资本主义经济基础垄断的第三个重要形式,进入了垄断资本主义,即当代帝国主义发展的第三个时期。当代资本主义就是国际金融垄断资本主义,即新型帝国主义,出现了一系列新矛盾、新问题和新特点。

---

① 《马克思恩格斯选集》第 1 卷,人民出版社 2012 年版,第 406 页。
② 习近平:《在哲学社会科学工作座谈会上的讲话》,人民出版社 2016 年版,第 14 页。

第 五 章

国际金融垄断资本主义，
即新型帝国主义及其新变化、新特征

　　对当代资本主义，即当代帝国主义的认识，实质上是同一个问题的两个方面，当代资本主义就是当代帝国主义。当代资本主义已经发展到什么样的程度，特征是什么？如何定义当代资本主义，当代资本主义还是不是帝国主义，当代帝国主义又发生了哪些变化？这是必须回答的重大理论与现实问题。如果对这些重大理论与现实问题缺乏科学的认识和判断，就很难正确地认识和判断当前的国际形势和世界格局，就很难制定开展国际斗争和推动国内发展的正确的战略策略。

　　关于当代资本主义，对于这一重大的理论和实践问题，国内外理论界、学术界从多方面、多层次、多角度开展研究，学者们议论纷纷，各持己见。依据当代资本主义的发展新特征，冠之以各种称谓。大体上分为两派：一派是站在垄断资本主义的立场上，为帝国主义寻找理论论据，为帝国主义的侵略政策和行径作辩护，甚至提出建议，如最早提出当代资本主义是"新帝国主义"的首推罗伯特·库珀，他从新自由主义的立场出发，把当今"新帝国主义"分为"自愿帝国主义"

"邻国帝国主义""合作帝国主义"三类,为西方垄断资本主义大国对发达落后国家的政治、经济、军事上的侵略的政策和行为提供合理化的论证,库珀的"新帝国主义"论,是以美国为首的西方霸权主义理论的延伸。①

另一派是站在批判当代资本主义的立场上,对当代帝国主义作出某些批评,力图对其给出新的定义,其中西方马克思主义思潮和西方左翼的许多学者就是属于这一派。譬如,第二次世界大战结束后,[英]安东尼·布鲁厄的《马克思主义的帝国主义理论》、[美]哈里·马格多夫的《帝国主义时代——美国对外政策的经济学》、[美]罗纳德·H.奇尔科特的《批判的范式:帝国主义政治经济学》都在一定程度上肯定了马克思列宁主义的帝国主义理论,对当代帝国主义新发展进行了批判研究。冷战结束后,[美]迈克尔·哈特与[意]安东尼奥·奈格里著的《帝国——全球化的政治秩序》、[美]迈克尔·赫德森的《金融帝国——美国金融霸权的来源和基础》、[美]威廉·I.罗宾逊的《全球资本主义论:跨国世界中的生产、阶级与国家》、[美]约翰·贝拉米·福斯特对晚期帝国主义的研究等,都对金融垄断资本主义进行了批判性的研究。20世纪八九十年代,美国学者道格拉斯·凯尔纳认为,当代资本主义已进入技术经济、技术政治和技术文化高度结合的技术资本主义阶段。关于资本主义是技术资本主义等与技术相接近的称谓纷纷被提了出来。如还有的认为当代资本主义已经发展到新福特资本主义、后福特资本主义、福利资本主义、公司帝国主义、赌场资本主义、涡轮资本主义、景观资本主义、超工业资本主义、后工业资本主义、认知资本主义、媒介资本主义、虚拟资本

① 参见孙玉健:《"新帝国主义论"与马克思主义的帝国主义理论》,中国社会科学出版社2017年版,第16—20页。

主义、信息资本主义、数字资本主义、生态资本主义、知识垄断资本主义等。法国学者托马斯·皮凯蒂在《21世纪资本论》中，考察了西方发达资本主义国家自18世纪工业革命以来（1700—2012年）在收入、资本、人口、增长率等方面的历史数据，认为不平等、两极分化在资本主义历史上长期存在，并没有随着经济增长而衰减和被解决，在今天更为尖锐激烈。① 正如习近平总书记指出，"当代世界马克思主义思潮，一个很重要的特点就是他们中很多人对资本主义结构性矛盾以及生产方式矛盾、阶级矛盾、社会矛盾等进行了批判性揭示，对资本主义危机、资本主义演进过程、资本主义新形态及本质进行了深入分析。这些观点有助于我们正确认识资本主义发展趋势和命运，准确把握当代资本主义新变化新特征，加深对当代资本主义变化趋势的理解"②。其中许多人肯定了列宁帝国主义理论的基本方面，对帝国主义的新变化、新特征作出了较为深入的研究，提出了一些新的理论根据，对当代资本主义作出揭露和批判。巴西的特奥托尼奥·多斯桑托斯提出依附理论，明确指出了帝国主义是一种腐朽的制度，趋向于形成食利国，资产阶级愈来愈依靠"剪息票"过日子。③ 但是，许多人对当代资本主义的认识都有一个根本的缺陷，就是离开了马克思列宁主义关于资本主义的科学认识。有人称之为在当代资本主义研究中，存在"马克思主义失语""帝国主义失踪"的问题。

对于当代资本主义还是不是帝国主义，绝大多数认为现在仍然是帝国主义。比较一致的意见是帝国主义依然存在，并且发展到了

————————

① 参见［法］托马斯·皮凯蒂：《21世纪资本论》，巴曙松等译，中信出版社2014年版。

② 《习近平谈治国理政》第二卷，外文出版社2017年版，第67页。

③ 参见［巴西］特奥托尼奥·多斯桑托斯：《帝国主义与依附》，毛金里等译，社会科学文献出版社1999年版。

新帝国主义阶段,称之为新帝国主义,有的称之为晚期帝国主义,还有的称之为文化帝国主义、媒介帝国主义、信息帝国主义、公司帝国主义等。当然,这里讲到的相当多的持"新帝国主义"的说法同最早称之为"新帝国主义"的罗伯特·库珀的说法是不同的,他们中间的绝大多数不是站在维护帝国主义的立场上,而是站在批判帝国主义的立场上。美国《每月评论》主编约翰·贝拉米·福斯特把当代帝国主义称为晚期帝国主义。他认为,晚期帝国主义就是帝国主义发展的一个新阶段,既是经济停滞时代,又是美国霸权衰落和全球代谢断裂时代的帝国主义。晚期帝国主义具有普遍垄断金融资本、生产全球化、新形式的价值转移等特征。晚期帝国主义更具有侵略性,在意识形态上表现为新自由主义,代表了资本主义世界秩序的历史终点。① 比较一致的意见是,认为当代资本主义已经由国家垄断向国际垄断转变,新帝国主义是垄断资本主义发展阶段的最新表现。

学界对当代帝国主义的本质特征,当代帝国主义产生的时代条件,当代帝国主义的经济基础,当代帝国主义的类型,当代帝国主义的霸权逻辑,当代帝国主义与新自由主义,当代帝国主义全球化,当代帝国主义的矛盾和危机,当代帝国主义与民族国家的关系,当代帝国主义的发展趋势等重要问题,均展开了广泛深入的研究。

对当代资本主义,即当代帝国主义种种称谓判定往往都只是注重从生产力方面作出某些分析判断。科学技术也是生产力,是第一生产力,从科学技术角度观察当代资本主义的新变化是毫无疑问的。譬如技术资本主义的类似提法,实质上也是从生产力视角观察当代资本主义新特征所作出的判断,认为资本主义已经进入与技术高度

---

① 参见牛田盛:《晚期帝国主义:资本主义世界秩序的历史终点》,《世界社会主义研究》2020 年第 6 期。

结合的阶段,即技术资本主义阶段,也并非毫无道理。马克思主义政治经济学当然注重对于生产力的研究,认为生产力是社会历史发展的最终原因,也是资本主义发展的最终原因,但是马克思主义政治经济学更强调政治的经济学,强调研究生产关系,从生产关系看生产力,看社会形态的发展变化。因此,不仅从生产力视角,更要从生产关系视角对当代资本主义的本质特征作出科学的分析判断,仅仅从生产力方面对当代资本主义作出判断定义,显然是不充分、不深刻的,不能触及当代资本主义的社会阶级关系本质。

尽管如此,虽然说法不一,但有一条是共识的:当代资本主义已经发生了新的变化,具有了新的形式,呈现新的特征,发展到了一个新的时期。笔者认为,资本主义在第二次世界大战后虽然仍然保持着垄断特征,但是已经从私人垄断转向了国家垄断,转变的时间大体是第二次世界大战以后到 20 世纪八九十年代。在进入 20 世纪末苏联解体、东欧剧变之后的一段时期以来,当代资本主义又由国家垄断发展到国际金融垄断。当代资本主义的经济基础是国际金融资本垄断,国际金融垄断资本主义是资本主义的当代发展新形态,当前正处于国际金融垄断资本主义时期,帝国主义也进入了一个新的发展时期,成为新型帝国主义。国际金融垄断资本主义就是新型帝国主义,具有许多新变化、新特征。这个判断在前文中已经提出,下面继续展开论证。

一、国际金融垄断资本的聚集与发展

科技创新和生产力发展呈现前所未有的速度和质量,极大地推动了国际金融垄断资本的迅速聚集、集中和发展。

"生产的不断变革,一切社会状况不停的动荡,永远的不安定和变动,这就是资产阶级时代不同于过去一切时代的地方。"①当垄断资本主义发展到当代国际金融垄断时期,全球掀起了新一轮科技革命浪潮,科技创新日新月异,生产力发展突飞猛进,呈现前所未有的态势。科技革命是资本主义生产力和经济快速发展的直接动力。科技革命促进了资本主义的发展,在资本主义发展史上,已经发生了三次科技革命,当前正在进行着第四次科技革命。

第一次科技革命从19世纪20年代开始到19世纪中期,是由新的工具机引发产生新的动力机,即蒸汽机的发明与应用所带来的一次科技革命,可称"蒸汽革命"。到了19世纪60年代,英国爆发了由第一次科技革命带来的工业革命。英国纺织业完成了由以人力、畜力和水力为基本动力的工场手工业转为以蒸汽技术为动力的机器大工业的转变,科技革命引发了工业革命。第一次科技革命乃至工业革命期间,资本剥夺了农民和手工业劳动者,使他们沦为雇佣劳动者,土地、机器、厂房等生产资料越来越集中到少数资本家手中,资本主义私有制得以巩固成熟确立,进入了自由竞争资本主义阶段。

第二次科技革命从19世纪70年代开始到20世纪初第一次世界大战结束,电力动力克服了蒸汽动力的局限性,蒸汽技术转变为电气技术,电的发明应用使人类社会生产方式和生活方式发生了深刻变革,也称"电力革命"。第二次科技革命带来了第二次工业革命,电动机、内燃机、化学工业、钢铁工业获得了突破性进展,极大地推动垄断取代自由竞争成为全部经济生活的主要现象,资本主义从自由竞争发展到私人垄断,资本主义走向最后阶段。

①　《马克思恩格斯选集》第1卷,人民出版社2012年版,第403页。

　　第三次科技革命,萌发于 19 世纪末 20 世纪初叶,兴起于第二次
世界大战后,20 世纪 40—60 年代进入高潮,是一场电子技术的革
命,又称"电子革命"。第三次科技革命引发了以电子计算机的发明
和应用为标志的第三次工业革命,对此称之为产业革命更为合适,资
本主义由电气时代进入电子时代,生产的自动化和专业化程度极大
提升,创造了巨大的劳动生产率,发达资本主义国家的生产总值超过
了过去 200 多年生产总值的总和,1948—1973 年,世界工业增长了
353%,故人们称这段时期为"世界经济黄金时代"。

　　20 世纪 70 年代以来,在世界范围内又掀起了一轮新的科技浪
潮,发生了第四次科技革命,即以信息技术的广泛应用为标志的科技
革命,也可称"信息革命"。第四次科技革命引发第四次工业革命,
更准确地说是第四次产业革命,信息技术、智能技术、生物技术、新材
料和新能源极大发展。信息革命,一方面,大大提高了劳动生产率,
为生产力发展开辟了新的空间。推动金融业、信息产业、智能产业、
生物生命产业、新能源新材料产业等新业态诞生和发展,促使产业结
构发生重大变化,第一产业比重大大下降,第二产业有升有降,第三
产业比重迅速提升,达到 60% 以上,造就了资本主义物质财富的进
一步积累和增加。另一方面,致使金融垄断资本加快了聚集化、国际
化的进程。信息化、人工智能、机器人、互联网、大数据、云计算、物联
网、5G 技术、区块链等前沿技术驱动下的科技风潮,推动资本主义生
产方式向数字化、智能化方向发展,生产关系趋向松散化、多元化、复
杂化,形成以技术创新为手段的获取超额利润的新方式。资本主义
以技术创新作为资本积累和扩张的新手段,极大地促进了国际金融
垄断资本的聚集和集中发展,极大地强化了国际金融垄断资本对全
球一切产业的渗透、融合和控制,推动金融垄断资本越发全球化。另

一方面,生产力越来越社会化,推动资本主义生产关系和上层建筑向更为私有化、更为垄断化方向发展的同时,新的社会因素,如股份制、工人持股、国有化等,在资本主义内部也日益积累。然而,资本主义私有制本质并没有改变,技术创新是在私有制条件下的创新,技术创新导致技术私有化和技术垄断,私有化和垄断从根本上遏制生产力和新产业发展,制造高科技产业泡沫,加剧资本主义业已存在的内在矛盾。新技术革命既是资本主义不断发生新变化的重要表现,又是资本主义不断出现新变化的推动原因。

二、国际金融垄断资本主义是垄断资本主义最新发展时期,是新型帝国主义

垄断资本主义已经形成了新的垄断形式——国际金融资本垄断,到了其最新的发展时期——国际金融垄断资本主义,国际金融垄断资本主义是新型帝国主义。

列宁在《帝国主义论》中指出,"生产的集中;从集中生长起来的垄断;银行和工业日益融合或者说长合在一起,——这就是金融资本产生的历史和这一概念的内容"[①]。"集中在少数人手里并且享有实际垄断权的金融资本,由于创办企业、发行有价证券、办理公债等等而获得大量的、愈来愈多的利润,巩固了金融寡头的统治,替垄断者向整个社会征收贡赋。"[②]列宁明确论述并预见了金融资本与金融寡头的形成及其作用,认为金融资本垄断就是垄断资本主义经济基础。对于当代资本主义来说,生产和集中,进一步扩大、加深、加剧了垄

---

① 《列宁选集》第2卷,人民出版社2012年版,第613页。
② 《列宁选集》第2卷,人民出版社2012年版,第618页。

断,并日益向国际化金融垄断资本聚集,国际金融垄断资本在全球的统治进一步扩张和加深。剩余价值生产是资本主义的客观规律,获取垄断利润是垄断资本主义的绝对规律。可以说国际金融资本垄断就是国际金融垄断资本主义最深厚的经济基础。获取超额金融垄断利润是国际金融垄断资本剥削掠夺的基本方式。在国际金融垄断资本主义条件下,国际金融垄断资本利用国际跨国股份公司、通过世界金融市场从全球获取超额利润。

当今,国际金融资本垄断成为当代资本主义最突出、最鲜明、最主要的特征。金融资本垄断是发达资本主义剥夺全世界的最重要的手段。金融垄断资本具有极强的流动性,天然具有跨国资本特性。20 世纪 70 年代以来,在全球化的世界进程中,在新自由主义思想的影响引导下,西方发达资本主义国家,首先是美国加快了金融资本聚集、集中、垄断的速度。特别是进入 21 世纪,资本主义一个最鲜明的特征就是金融垄断资本越来越国际化,国际金融垄断资本的世界性统治地位越发确立。金融垄断资本在世界经济中占据主导地位,一方面造成国际金融垄断资本主义的经济更加虚拟化,国际金融市场日益扩大,金融衍生工具迅速发展;另一方面,发展中国家越加贫困,受到国际金融危机的冲击,受到国际金融垄断资本的控制。资本的本性是不断实现自身的增值和扩张,金融垄断资本主义在全球化运动中不断推进国际投资、国际贸易、国际信贷……不断增值、不断积累、不断聚集,在经济全球化中愈益起着决定性作用。国际金融资本通过资本借贷获取超额利润,通过利息形式瓜分实体经济的剩余价值。有人把国际金融垄断资本主义称为借贷资本主义不无道理。

冷战时期,世界形成了社会主义与资本主义两大阵营,形成两大市场体系。苏联解体、东欧剧变以后,在当今经济全球化的世界里,两个市场体系变成统一的资本主义世界市场体系,成为由美国国际金融垄断资本控制主导的统一的世界市场体系,国际金融垄断资本越发寡头化、跨国化、全球化,国际金融资本得到空前加强,其作用无孔不入、无处不在,任何国家、民族、地区、领域、范围都逃脱不了其控制,都受到其影响与冲击。在全球的科技、投资、生产、销售、银行、金融、贸易、服务以及世界规则、秩序方面,国际金融垄断资本都占据了统治支配地位。在国际金融垄断资本的推动下,资本和财富迅速集中,在全球形成空前规模的以金融为核心产业的国际化的大财团、大寡头和大富豪,在世界取得优势统治地位。一方面,国际金融资本越来越集中在极少数国际金融垄断资本寡头手里,在垄断资本主义世界体系中形成了绝对统治地位;另一方面,国际金融垄断资本的国际化程度越来越高,形成了由少数跨国性质的金融垄断资本寡头控制的新型国际金融垄断资本组织,如新一代超巨型跨国金融公司、世界银行、国际货币基金组织、美洲开发银行、关税和贸易总协定(世贸组织)⋯⋯以金融垄断资本为核心的超巨型跨国公司在资本主义世界体系里的核心关键作用越来越突出。跨国公司经过一百多年的发展,特别是 20 世纪以来,经过一代、二代、三代到第四代超巨型跨国公司的发展,开始了其更大的发展,不仅规模巨大、实力雄厚、地位突出、垄断强大,更重要的是以国际金融垄断资本为核心与产业资本相融合,形成了超巨型国际金融——产业垄断资本寡头,控制了全世界。以国际金融垄断资本为灵魂和核心的超巨型跨国公司在垄断资本主义国家权力支持下爆发式地增长,形成了国际金融资本垄断寡头利益集团。从福布斯发布的全球企业排行信息看,跨国企业几乎占据了全球企业 2000 强榜单,这意味着超巨型跨国公司的垄断经营形势进一步加剧。从最新数据看,2020 年仅 2000 家上榜企业营收总额就达到 42.3 万亿美元,占全球生产总值的 49.9%,利润总额 3.3 万亿美元,资产总额达到 201.4 万亿美元,为同期全球生产总值的 2.4 倍。① 而从欧盟工业研发积分榜(ScoreBoad2021)公布的 2020 年全球科技企业研发投入排行榜看,前十家均为跨国公司,其研发总投入 1491 亿欧元(约合 1640 亿美元),而前 2500 家企业研发投入总和高达 9089 亿欧元(约合 1 万亿美元)②,也就是说,跨国企业拿出利润额的大头用于科技与工艺研发,以确保其技术性垄断地位。已经发展成世界范围的生产、交换和积累完整体系,全面控制了世界范围的生产与再生产过程。

国际金融垄断资本主义的实质就是金融垄断资本国际化,金融资本在国际的运动中不断聚集、集中、增强,形成占绝对优势的垄断地位。以国际金融资本垄断为主要特征,表现为:(1)资本垄断不是一般的资本垄断,而是金融资本垄断,金融资本垄断在资本主义体系中占据绝对的控制地位;(2)金融资本垄断已不是国家垄断,已经发展成为国际垄断,资本和财富迅速地集中在少数国际金融垄断资本寡头手里,垄断组织已不再是国际"托拉斯",而是在资本主义世界经济体系中已经形成跨国的、统治全球的、空前巨大的财团、富豪和寡头,控制优势产业,占据国际产业链、贸易链,在世界经济体系中拥有绝对的话语权;(3)资本输出已经不是一般的资本输出,而是金融资本的输出,金融资本输出成为资本输出最主要的财富剥夺形式,通过金融垄断资本输出掠夺世界财富。

---

① 参见福布斯 2020 年发布的《2020 福布斯全球企业 2000 强榜》,见 https://www.forbeschina.com/lists/1735。

② 参见欧委会官网 2020 年 12 月 17 日发布的《2020 年欧盟产业研发记分牌》,见 https://op.europa.eu/en/publication－detail/－/publication/fb50fc5e－570e－11ec－91ac－01aa75ed71a1/。

　　国际金融垄断资本向全球化垄断发展,一方面得到垄断资本主义国家的支持,一方面又日益摆脱国家权力的各种监管。国际金融垄断资本寡头对国家政府的决策影响日益膨胀,国际金融垄断资本家集团控制着资本主义国家的经济命脉,形成院外利益集团,影子内阁、影子政府,对资本主义国家政策起着至关重要的作用,国家成为大金融资本家的代言人。美国通用、福特、美孚、摩根、花旗等超巨型的国际金融垄断资本集团代表国家本质,同时又不受任何国家权威的约束,超越国家主权,这就加剧了国际金融垄断资本跨国公司与垄断资本主义主权国家的矛盾,国际金融垄断资本与产业资本、本土资本的矛盾也在加剧。

　　美国国际金融垄断资本力量,依靠美国政府强力维护和推行,得到进一步加强,加速在全世界的扩张,华尔街势力深嵌美国政治之中,加大了全球化力度,取得了资本主义世界体系的主导地位,获得了绝对统治权,从工业资本主义演变成金融资本主义。在国内,美国的国际金融垄断资本已经从企业的生产和经营领域扩展到整个经济生活、政治生活,在取得对工业、货币、商业活动的控制之后,又扩展到政府运作和普通人民的日常生活。在国际,美国国际金融垄断资本把大量剩余资本向金融领域和海外转移,推动国际金融垄断资本主义发展,剩余价值的生产和实现已经全面地国际化了。结果一方面使得美国作为一极和世界其他各国作为一极的分化更加突出尖锐;又一方面,致使美国主权国家能力削弱,国家政权地位下滑,让位给国际金融垄断寡头;另一方面,国际金融垄断寡头又利用美国国家政权力量打压损害他国主权,美国国家政权成为国际金融垄断资本剥夺其他国家和民族利益的打手。

　　国际金融垄断资本主义是国际金融垄断资本通过金融资本控制

国家生产、国家投资、国际流通、国际交换、国际市场，对发展中国家进行经济盘剥、政治压迫、军事威胁的垄断资本主义，是新型帝国主义。其基本特征是：(1)超巨型跨国金融公司成为世界经济、世界市场的主宰力量；(2)国际金融垄断投资与扩张成为国际资本投资的主要形式；(3)生产和资本日益集中、集聚在全球金融资本垄断寡头手中；(4)国际金融垄断资本利用国家力量，并且超越国家力量控制、统治全球；(5)美国新型帝国主义已经确立独霸世界的霸权地位。

三、国际金融垄断资本主义鲜明的阶级特征

形成一小撮国际金融垄断资产阶级阶层，构成垄断资产阶级的最高统治集团，是国际金融垄断资本主义统治阶级的最高层，构成国际金融垄断资本主义，即"新型帝国主义"的一个鲜明的阶级特征。

随着当代资本主义生产力和生产关系的新变化，给资本主义的统治阶级——资产阶级也带来了新变化。对于这些新变化，资产阶级的学者则鼓吹"资产阶级消失论""资产阶级衰减论"，竭力抹杀资产阶级和工人阶级的阶级矛盾和对立。国际金融垄断资本主义的新变化，并没有使资产阶级"消灭"或"减少"，而是生产资料更加集中在少数资产阶级手中，资产阶级的剥削本质更加凸显，资产阶级与工人阶级的对立更加尖锐。资产阶级发生了新的变化，主要表现为：(1)极少数的国际金融垄断资产阶级阶层已经形成；(2)以剪息票为生的资产阶级阶层日益扩大；(3)形成了资产阶级的特殊阶层——跨国公司的高级经理人阶层。

20世纪末到21世纪初，英文名称"跨国资本家阶级"一词流行

起来。可以把国际金融垄断资本家们称之为"跨国金融垄断资本家阶层",他们是当代资产阶级最有权势的最高阶层,该阶层由世界金融垄断资本寡头构成,代表跨国金融垄断资本利益集团,构成跨国金融垄断企业、组织的主要拥有者。国际金融垄断资本家集团是 20 世纪下半叶在资本主义历史发展中出现的资产阶级新阶层,他们控制着金融领域的跨国大公司,通过国际金融垄断资本控制了全世界的主要生产资料,控制着国际性的金融机构,并通过国际性的金融手段、工具和组织控制着世界上的重要产业,该阶层已经超越任何国家政权,成为全球资本主义体系生产资料的主要所有者。

美国是全球国际金融垄断资本家集团的大本营。国际金融垄断资本寡头主要聚集在美国,如华尔街国际金融资本垄断寡头。美国是国际金融垄断资产阶级阶层的总基地,美国当权者是国际金融垄断资产阶级利益的总代表。以美国国际金融资本垄断寡头为首的国际金融垄断资产阶级阶层主要由发达资本主义国家的国际金融垄断利益集团构成,他们与发展中国家的金融垄断资本利益集团联手构成国际金融垄断资本寡头控制的跨国金融资本利益集团。该阶层的领导层是国际金融资本垄断寡头,与国际产业资本垄断寡头融合,如美国的金融—军工财团、金融—能源财团、金融—IT 财团等,构成剥削全世界的国际金融资本垄断霸权集团。

四、国际金融垄断资本主义向经济空心化、虚拟化方向发展

国际金融垄断资本主义向经济空心化、虚拟化迅速发展,强化了国际金融垄断资本主义,即新型帝国主义的食利性、寄生性、腐朽性

和垂死性。

列宁认为："资本主义的一般特性，就是资本的占有同资本在生产中的运用相分离，货币资本同工业资本或者说生产资本相分离，全靠货币资本的收入为生的食利者同企业家及一切直接参与运用资本的人相分离。帝国主义，或者说金融资本的统治，是资本主义的最高阶段，这时候，这种分离达到了极大的程度。金融资本对其他一切形式的资本的优势，意味着食利者和金融寡头占统治地位，意味着少数拥有金融'实力'的国家处于和其余一切国家不同的特殊地位。"①本来服务于实体经济的金融资本，越发脱离实体经济，成为金融高利贷资本，从而支配实业乃至整个社会。当今，金融高利贷资本聚集于美国，美国成为超高利贷帝国主义，产生更为严重的寄生性和腐朽性。

垄断资本金融化、国际化的过程就是产业空心化、虚拟化的过程，就是实体经济和虚拟经济相分离的过程。在这一过程中，国际金融垄断资本主义经济愈益证券化、数字化、虚拟化，实体经济迅速衰退，美国就是典型。随着世界银行体系的发展，商业银行、保险公司、证券公司等形形色色的金融机构、金融中介服务业融合聚集，形成庞大的、无所不包的金融垄断资本世界性体系，通过向政府贷款、代销，发行政府债券，持有公债，强化对经济的控制和吸血，加剧了资本主义的投机性和寄生性。

资本输出，特别是金融垄断资本输出成为国际金融垄断资本向外扩张发展的主要形式。美国把大量实体产业转移到国外，从制造业大国转变成过度依赖海外产业的以虚拟经济为主体的资本主义金

① 《列宁选集》第2卷，人民出版社2012年版，第624页。

融帝国,金融经济越来越膨胀,实体经济越来越衰退,产业越发集中在以金融、房地产为代表的高端服务业,整个经济越来越泡沫,不可避免地陷入"社会生活金融化"困局,出现虚拟经济发展、实体经济衰退的双重问题。金融垄断帝国主义是资本主义的"虚胖和浮肿"的表现,也是资本主义"走下坡"的征候。曾几何时,美国是世界第一制造业大国,但是随着金融垄断资本地位的形成,美国制造业占GDP比重逐渐下降,金融业占比逐渐增加。据统计,1960—2020年间,美国金融业占比从14%增加到21%,制造业占比从27%下降到11%,贸易占比从17%下降到10.87%。与此同时,金融业的利润从17%增加到高于30%,制造业的利润从49%降至10.6%,缩减了2/3以上。1947—2012年间,美国GDP增长63倍,其中制造业增长30倍,金融业增长212倍。1980年左右,全球金融体系中的衍生品交易量微乎其微,2019年利率衍生品占全部衍生品名义本金比例超过80%。截至2019年年底,利率衍生品占总风险敞口比重为80.39%。全球流动性金融资产与全球GDP之比1980年为109%,2013年为350%。2019年,入围世界500强的企业中,金融企业共有113家,相比世界500强企业43亿美元的平均利润,113家金融企业的平均利润则超过61亿美元。

美国经济在全球化过程中进一步空心化和虚拟化,经济空心化、虚拟化的必然结果是导致美国制造业外流、工人失业、两极分化加速、社会矛盾加剧,加重了美国国际金融垄断资本主义的权重,加重了美国资本主义的食利性和腐朽性。再加之,美国国内的过度消费,成为纯粹的消费国,造成极大的生态灾难,更加重其腐朽性。一小撮最富有的、最有权势的国际金融垄断资本家阶层,连带整个垄断资产阶级进一步食利化、寄生化和腐朽化。列宁认为,"垄断,寡头统治,统治趋向代替了自由趋向,极少数最富强的国家剥削愈来愈多的弱小国家,——这一切产生了帝国主义的这样一些特点,这些特点使人必须说帝国主义是寄生的或腐朽的资本主义"①。列宁在《帝国主义论》中明确指出,帝国主义的腐朽性表现在两个方面:一是停滞,一是寄生。所谓停滞,就是帝国主义的生产和技术发展存在着停滞的趋势,这是帝国主义腐朽性的基本表现,美国的经济停滞集中表现为实体经济、工业产业大量外移,严重衰退。所谓寄生,就是帝国主义逐渐丧失了通过本国的生产发展满足自身消费的能力,美国现在主要是靠金融掠夺全世界,成为最大的食利国,造就了庞大的食利者阶层。列宁把帝国主义的寄生和腐朽相提并论,称帝国主义就是寄生或腐朽的资本主义。

五、美国作为国际金融垄断资本主义最强的超级大国，不断操纵世界经济治理权和世界政治统治权

美国作为国际金融垄断资本的总代表,推动在全球化条件下国际金融资本向全世界全面扩张,操纵世界经济治理权和世界政治统治权,其作为头号新型帝国主义国家企图建立单极世界,维持其霸主地位。

美国是国际金融垄断资本家的国家,是代表国际金融垄断资本利益的。恩格斯在《反杜林论》中指出,"无论转化为股份公司,还是转化为国家财产,都没有消除生产力的资本属性。在股份公司那里,

---

① 《列宁选集》第 2 卷,人民出版社 2012 年版,第 684 页。

这一点是十分明显的。而现代国家却只是资产阶级社会为了维护资本主义生产方式的共同的外部条件使之不受工人和个别资本家的侵犯而建立的组织。现代国家,不管它的形式如何,本质上都是资本主义的机器,资本家的国家,理想的总资本家。它愈是把更多的生产力据为己有,就愈是成为真正的总资本家,愈是剥削更多的公民。工人仍然是雇佣劳动者,无产者。资本关系并没有被消灭,反而被推到了顶点"①。

金融资本的全球性流动是资本主义由国家垄断发展到国际金融资本垄断的突出表现。金融资本在全球化进程中实现了全球性的流动,从而颠覆性地改变了全球的资本结构和经济结构,极大地强化了金融垄断资本在世界市场资源配置中的支配地位。与昔日日不落帝国英国直接统治世界的殖民体系不同的是,美国国际金融垄断资本通过美国政府主导的国际规则,凭借经济、政治、军事实力维持美国国际金融垄断资本主义的世界统治,它通常通过制定一系列的规则、制度,并经由国际化的跨国金融组织,如世贸组织、国际货币基金组织等控制统治全世界。比如,统治世界的美元体系是通过"布雷顿森林"体系而确定其美元霸主地位的。1944 年在美国东部山区的一个小镇上召开了布雷顿森林会议,通过了美元等同于世界货币,等同于恒定的黄金值,美元与黄金挂钩,美元作为世界货币的特殊地位由此而确定,从而确立了美元纸币在国际市场结算中的垄断地位,美元纸币窃取了黄金作为世界货币的符号地位。1971 年 8 月 15 日,美国总统尼克松发表了 20 分钟的著名演说,宣布美元不同黄金挂钩,多国货币也不必与美元挂钩,宣布布雷顿森林体系解体。而之后在

---

① 《马克思恩格斯全集》第 20 卷,人民出版社 1971 年版,第 303 页。

牙买加召开会议，达成"牙买加协议"，美元彻底脱离了黄金和实物货币，成为靠美国信用、由美国印钞发行的货币，"美元成为了一纸不能兑换的白条"①。从此，"美国靠在全球发行美元、国债、股票以及大量金融衍生品这样的虚拟渠道，使全世界的实体资源（自然资源、劳动资源和资本资源）不停地流进美国。美国生产货币，其他国家生产商品"②。美国依靠自身经济、科技和军事实力使美元成为霸权货币，成为世界财富的收割机。美国国际金融垄断资本主义通过"美元加美军"对全球进行疯狂的扩张、控制、掠夺、压榨，也使得反霸权主义、反单边主义成为世界潮流。当代资本主义的多重矛盾越发激化、尖锐，由美国主导的资本主义世界秩序陷于前所未有的危机之中。

从 20 世纪 80 年代中期起，世界进入了经济全球化的发展阶段，也是垄断资本主义由国家垄断进入国际金融垄断时期。世界经济全球化是资本主义占主导地位的全球化，是少数发达资本主义国家占主导地位的全球化，是国际金融垄断资本主义，也是美国新型帝国主义占主导地位的全球化。在世界国民经济总体中，美国、欧盟、日本等国家和地区占 70%，在世界出口贸易中占 70% 以上，在世界对外投资中占 90% 以上，它们的跨国公司在世界生产和世界市场中占强大优势。美国是国际金融垄断资本主义最强的超级大国，在世界经济中占有最大份额，是经济全球化的主导国，它凭借自己的超级优势地位操纵了国际组织、干涉国际事务，把自己意志强加于他国，压榨他国，牺牲他国，最大限度实现自己的利益。经济全球化，为国际金

---

① 余斌：《新帝国主义是帝国主义的最后阶段》，《世界社会主义研究》2021 年第 4 期。

② 杨圣明：《美国金融危机的由来与根源》，《人民日报》2008 年 11 月 21 日。

融资本的扩张提供了新的机遇,同时又使资本主义不可克服的内在矛盾扩展到全世界,加速资本主义的灭亡。

六、国际金融垄断资本主义的帝国主义本性和特征并无改变反而得到强化

当代资本主义就是当代帝国主义,国际金融垄断资本主义就是新型帝国主义,新型帝国主义的帝国主义本性和特征并无根本改变,反而变本加厉地得到了强化。

金融垄断资本是帝国主义形成的起点,从根本上反映了帝国主义霸权。国际金融垄断资本是新型帝国主义的实质,决定了新型帝国主义的霸权本性。国际金融垄断资本是在帝国主义体系下积累起来的,是新型帝国主义最深厚的经济基础。列宁给予帝国主义以明确的定义,他在《帝国主义论》中所讲的帝国主义是专指垄断资本主义,他指出帝国主义是资本主义的最高阶段,也是最后阶段。20世纪 80 年代法国学者博德认为,以 1873 年资本主义危机为开端延续到 1895 年世界性经济大衰退,开始进入垄断资本主义,即帝国主义时期。[①] 许多学者认为,资本主义从自由竞争进入垄断,发展为帝国主义,到第一次世界大战爆发,帝国主义进入鼎盛时期。国际金融垄断资本在垄断资本主义主权国家基础上,凭借经济全球化、军事霸权、垄断和帝国主义的世界制度,把帝国主义发展到了极端。十月革命是结束帝国主义鼎盛的新纪元开端。

当代帝国主义是国际金融垄断资本支撑的新型帝国主义,为国

---

① 参见[法]米歇尔·博德:《资本主义史:1500—1980》,吴艾美等译,东方出版社 1986 年版,第 148—149 页。

际金融垄断资本的对外扩张、全球套利，进一步开辟了空间，同时又放大了垄断资本主义的结构性危机，强化了国际金融垄断资本主义不可克服的内在矛盾。新型帝国主义不仅没有改变帝国主义的本质，反而更加充斥了贪婪、野蛮、残忍、侵略的帝国主义本性，使其本性更加多样性和隐蔽性，充分表现了垄断资本主义的垂死性。前文提到美国《每月评论》主编约翰·贝拉米·福斯特把当代帝国主义称为晚期帝国主义，预见到资本主义的终结。① 总而言之，国际金融垄断资本主义是新型的帝国主义，晚期的帝国主义，是垄断资本主义发展的巅峰期、最高形式，也是最新阶段、垂死阶段。

七、国际金融垄断资本主义的阶级矛盾和阶级斗争发生了新的变化

国际金融垄断资本主义，即新型帝国主义生产力与生产关系，经济基础与上层建筑的新转变，使得其阶级阶层结构，阶级矛盾和阶级斗争发生了新的变化。

20 世纪 70 年代以来，由于资本主义的调整和改良，世界发达资本主义国家的工人运动总体上趋于低潮，主要表现为：劳资冲突、工人罢工、示威游行数量和规模趋于减少，资产阶级实施了某些缓和阶级矛盾和抑制两极分化的政策，工人阶级在满足基本生活资料和生活条件方面有了一定的改善，阶级矛盾趋于缓和。当然，工人阶级受剥削的地位并未发生根本改变，阶级矛盾和阶级斗争只是一时缓和并未停止，而是波浪式地向前、向更尖锐方向发展。

---

① 参见牛田盛：《晚期帝国主义：资本主义世界秩序的历史终点》，《世界社会主义研究》2020 年第 6 期。

面对资产阶级和工人阶级的新变化,资本主义社会结构的新变化,西方资产阶级代言人,当然也有一些学术界的代表人物认为,马克思主义阶级划分理论,关于资本主义两大阶级对立的理论,已经被历史所超越,已经过时了,要彻底抛弃马克思主义关于阶级与阶级分析的全部概念、范畴和方法,认为资本家已经是"人民资本家"了,普遍的无产阶级生活方式已经不存在了,传统意义上的工人阶级已经不存在了,现在是"告别工人阶级"的时候了。事实上,随着资本主义社会的发展,马克思主义经典作家总是根据新情况、新变化,不断发展、补充、丰富他们的阶级理论和他们对资本主义社会阶级状况的分析。例如,在《资本论》中,马克思指出:"为了从事生产劳动,现在不一定要亲自动手;只要成为总体工人的一个器官,完成他所属的某一种职能就够了。"①提出了"总体工人"的概念。马克思、恩格斯还分别提出了"商业无产阶级"②"脑力劳动无产阶级"③的提法。列宁提出"技术无产阶级""官吏无产阶级"④"工程师无产阶级"⑤的提法。残酷的阶级对立和阶级斗争现实也一再说明马克思主义的阶级理论和对资本主义社会阶级状况的分析并未过时。果然,2008年国际金融危机和2020年新冠肺炎疫情暴发以来,发达资本主义的内部矛盾和阶级矛盾不断趋于强化,工人和国际共产主义运动由低潮向高潮起步。

虽然无产阶级和资产阶级仍然是当代资本主义社会的两大对立阶级,但阶级阶层结构呈现多层次、多样态新变化。资产阶级本身发

① 《马克思恩格斯文集》第5卷,人民出版社2009年版,第582页。
② 《马克思恩格斯文集》第7卷,人民出版社2009年版,第335页。
③ 《马克思恩格斯文集》第4卷,人民出版社2009年版,第446页。
④ 《列宁全集》第6卷,人民出版社1986年版,第268页。
⑤ 《列宁全集》第38卷,人民出版社2017年版,第376页。

生了极大的分化，形成资产阶级的宝塔型层级结构：最高层是极少数的国际金融垄断资本家寡头阶层；第二层是与金融资本联合的，以军工—能源—IT 为主体的国际金融——产业垄断寡头阶层；第三层是占据各产业垄断地位的产业垄断资本家阶层；第四层是以经理资本家、食利者阶层、中小企业资本家等构成的一般资产阶级阶层。

工人阶级也发生了极大的层级变化：第三产业的工人阶层超过第二产业和第一产业的工人阶层比例；白领工人数量和增长速度均超过蓝领工人；从事信息、金融等中介服务业的"知识工人"增多，"非知识工人"减少；工人阶级不同阶层的收入差距在扩大，资本家宁愿以更高的薪酬雇佣知识水平高的雇员，出现所谓"中间阶级"阶层或群体；国际垄断资本主义使得食利者阶层增加，工人阶级内部一些群体产生转化，阶级结构发生变化；资产阶级用大量超额利润收买工人领袖和工人贵族，成为资产阶级化的"工人贵族"阶层，成为资产阶级在工人运动中的真正代理人和工人帮办。①

面对工人阶级的新变化，西方资产阶级代言者们故意提出了许多工人阶级消亡的观点。比如以马尔库塞为代表的"无产阶级历史使命消失论"，普兰查斯等人的"工人阶级缩减论"，马勒和高兹的"工人阶级本质改变论"……这些观点都是从根本上否认工人阶级的阶级性质和历史使命。工人阶级新变化并不意味着工人阶级消灭，也不意味着工人阶级和资产阶级对立与斗争消失，相反，虽有变化和缓和，但从总体、根本和长远来看是不可能缓和消失的。恩格斯指出："从他们的行列中应该产生出脑力劳动无产阶级，它的使命是在即将来临的革命中同自己从事体力劳动的工人兄弟在一个队伍里

---

① 参见列宁：《帝国主义是资本主义的最高阶段》，人民出版社 2014 年版，第10 页。

肩并肩地发挥重要作用。"①譬如,在当代资本主义那里,股份制这种资本的所有形式并没有改变资本的私有制的本质,也没有造成资本所有权的实质性的转移,没有改变资本的本质。股份控股自然掌握在少数垄断资本家或资本家利益集团手里,现在国际金融垄断资本只需占有3%—5%的股份就可以控股,股票发行越大,越分散,小股东越多,对垄断资本家阶级控股越有利。工人持有几张股票所带来的变化,对影响控制股份公司是微不足道的,工人持股没有任何实质的意义,只是形式上的意义。所谓"人民资本主义"的说法,只不过是骗人的把戏。再譬如,当代资本主义采取了一些改善工人生活条件、提高收入和福利待遇的政策,对提高工人收入、改善工人生活条件起到一定作用,但这只是工人出卖自己的劳动力价值的支付形式的变化,并没有改变和减轻资本对工人剩余价值的剥削。马克思指出,"吃穿好一些,待遇高一些,特有财产多一些","实际上不过表明,雇佣工人为自己铸造的金锁链已经够长够重,容许把它略微放松一点","不会消除奴隶的从属关系和对他们的剥削,同样,也不会消除雇佣工人的从属关系和对他们的剥削"。②"所谓资本迅速增加对工人有好处的论点,实际上不过是说:工人把他人的财富增殖得愈迅速,落到工人口里的残羹剩饭就愈多,能够获得工作和生活下去的工人就愈多,依附资本的奴隶人数就增加得愈多。""这样我们就看出:即使最有利于工人阶级的情势,即使资本的尽快增加如何改善了工人的物质生活状况,也不能消灭工人的利益和资产者即资本家的利益之间的对立状态。利润和工资仍然是互成反比的。"③

---

① 《马克思恩格斯选集》第4卷,人民出版社2012年版,第301页。
② 《马克思恩格斯全集》第23卷,人民出版社1972年版,第678页。
③ 《马克思恩格斯全集》第6卷,人民出版社1961年版,第497页。

八、国际金融垄断资本主义内部
孕育了新的社会因素

国际金融垄断资本主义，即新型帝国主义的发展，在加大资本主义私人占有制和资本主义固有的内在矛盾的同时，也在其内部增加了新的社会因素，为新的社会形态的诞生创造了新的社会因素与条件。

马克思、恩格斯在《共产党宣言》中指出："资产阶级除非对生产工具，从而对生产关系，从而对全部社会关系不断地进行革命，否则就不能生存下去。"①毫无疑问，当代资本主义越发展，就会为未来社会创造出更多成熟的社会因素和条件。且不讲科技革命推动生产力发展所创造的物质文明为未来社会提供了物质财富，且不讲资本主义所创造的精神文明为未来社会提供了有益成分。仅从生产关系方面来看，高新技术的发展推动生产力发展，使得生产社会化程度不断提高，这就要求与之相适应的生产资料私人所有制形式和资本占有形式向社会化方向发展。譬如，股份资本所有制、法人资本所有制，虽然它们在性质上仍是一种资本剥削雇佣劳动的关系，本质上仍然是资本主义的私人占有制，但它的垄断资本私人所有制却包含着生产关系集体化、社会化的某些发展苗头。譬如，国有经济、合作经济、合伙经济的发展，虽然本质上仍然是资本主义的私人占有制，但也体现了某种集体化、社会化的某种趋向。譬如，在资本加大对剩余价值的盘剥，加大贫富差距分化的同时，分配形式上出现了某些兼顾公平

---

① 《马克思恩格斯选集》第 1 卷，人民出版社 2012 年版，第 403 页。

和社会福利、社会保障的萌发。譬如,在企业管理制度和劳资关系上,产生了职工参与企业决策,职工持股等制度,也具有某些公平因素。

当然,尽管当代资本主义内部产生了一系列新的社会因素,比如有些垄断资本主义国家的工人持股越来越普遍,脑力劳动者比例越来越大等,但这些现象只是意味着在资本主义母体内部孕育产生新的社会形态因素,并不能说明资本主义生产资料占有的私人性质已经改变,也不能说明资本主义可以"和平长入"社会主义。

能不能运用马克思列宁主义立场、观点、方法科学分析和认识国际金融垄断资本主义的新变化、新特征,得出马克思主义的正确结论,直接关系到社会主义、共产主义的前途命运、兴衰存亡。资本主义的政治家们总是利用他们的意识形态的代言人,把当代资本主义的新变化、新特征,或者说成是资本主义制度发生了根本改变,资本主义制度可以万古长青、永不死亡;或者说成是资本主义制度可以逐步地为新的社会因素所取代,资本主义即将"和平长入"社会主义,资本主义可以和平转换或过渡为社会主义。究其实质,虽然国际金融垄断资本主义呈现出许多新的特征,但本质并没有根本改变。国际金融垄断资本主义的新变化、新特征说明,一方面,资本主义还是有一定的自我调节能力,资本主义在短期是不会灭亡的,资本主义在发展进程中,会进一步为未来社会积累物质、制度和文化的条件;另一方面,资本主义制度的剥削本性和帝国主义的侵略本性并没有改变,社会主义经历一个长期的发展过程,必然代替资本主义的总趋势没有改变。国际金融垄断资本主义的新变化不是资本主义根本规律、根本矛盾、根本趋势、根本性质的改变。

对于当代资本主义的新变化,存在两种截然对立的思想倾向:一种倾向是看不到资本主义的新变化;一种倾向是夸大资本主义的新变化,把资本主义的新变化说成是资本主义本质的根本改变,错误地认为这种新变化是"和平长入"社会主义的先兆。过分夸大资本主义变化的思想倾向,把资本主义的新变化夸大为社会主义社会的"和平到来",大大超过忽视资本主义新变化的思想倾向。

　　资本主义是随着时间的变化、条件的变化而不断变化的,对于历史上曾经出现过的资本主义的新变化,作出极端错误的、违背马克思主义原理的,首推第二国际的修正主义代表人物伯恩施坦。当19世纪末20世纪初,资本主义发生了由自由竞争向垄断转变的新变化时,他得出了资本主义可以"和平长入"社会主义的错误结论,导致欧洲绝大多数共产党右转,转变成民主社会主义,成为资本主义的帮佣,国际共产主义出现严重倒退。列宁坚持马克思主义立场、观点、方法,科学认识当时资本主义的新变化,得出了垄断资本主义就是帝国主义,是资本主义发展的最高、最后阶段的科学判断,高举科学社会主义大旗,领导了俄国十月社会主义革命成功,推动国际共产主义运动掀起新高潮。20世纪50年代,资产阶级右翼学者夸大资本主义新变化,把资本主义新变化说成是资本主义根本性质的改变。如,[美]阿道夫·贝利在1954年推出《20世纪的资本主义革命》,认为股份公司的发展使美国资产阶级发生了革命,与旧资本主义完全不同了。[①] 美国商会会长艾力克·约翰斯通在《不受限制的美国》中首次提出"人民资本家"概念。[②] 英国工党右翼理论家约翰·斯特拉彻在1956年推出《现代资本主义》,认为资本主义将和平过渡到社会

---

　　① 　参见[美]阿道夫·贝利:《20世纪的资本主义革命》,钟远蕃译,商务印书馆1961年版,第6、19、96页。
　　② 　转引自徐崇温:《当代资本主义新变化》,重庆出版社2004年版,第15页。

主义。① 随后,一批右翼学者纷纷著书立说,认为现在资本主义已经不再是一种剥削制度,它与旧资本主义有着本质的区别。鼓吹"趋同论",说社会主义和资本主义两种类型国家沿着现代化的共同道路,将走向自由和民主。②

20世纪七八十年代,当代资本主义发生了一系列新的变化,戈尔巴乔夫错误地判断,当代资本主义的新变化说明资本主义已经具有社会主义的特征,鼓吹资本主义的根本性质已经改变,马克思主义关于社会主义和资本主义的结论和思维已经过时,鼓吹所谓"新思维",放弃马克思主义和科学社会主义,最终造成苏东垮台,国际共产主义运动跌入低潮。当今,面对资本主义的新变化,某些人提出了"人民资本主义""资本民主化""新工业国""后工业社会"等理论观点,企图解释当代资本主义的新变化趋势,改变对资本主义本质的认识,为资本主义当辩护士。比如,有的认为,工人持股就是资本家了,持股工人越来越多,资本就具有了人民性,成为"人民资本主义"。实际上,股份制这样一些社会化形式的资本主义生产关系的出现,是资产阶级在资本主义生产关系范围内对生产力迅猛发展的迫不得已的适应与调整,并不是对资本主义私有制的根本改变。中国共产党人在以邓小平同志为核心的党的第二代中央领导集体带领下,正确看待当代资本主义新变化,坚持马克思主义,坚持社会主义,走出了一条中国特色社会主义道路,推动国际共产主义运动驶出低潮。

---

① 参见[英]约翰·斯特拉彻:《现代资本主义》,姚曾广等译,上海人民出版社1960年版。
② 参见[美]约瑟夫·熊彼特:《资本主义、社会主义与民主》,吴良健译,商务印书馆1999年版。

第 六 章

国际金融垄断资本主义,即新型帝国主义的
新变化没有根本改变其本性

尽管当代资本主义,即国际金融垄断资本主义(新型帝国主义)发生了一系列重大的新变化,这些新变化仅仅是对垄断资本主义的矛盾、特征、本质的强化,而不是根本改变。

列宁对垄断资本主义的科学判断依然有效,并没有过时。列宁的《帝国主义论》是我们全面观察、认识国际金融垄断资本主义,即新型帝国主义的有效思想武器。巴西的马塞洛·费尔南德斯认为,目前的国际形势更接近列宁的设想,帝国主义概念依然有效,垄断资本主义处于主流,而且依然是用来描述剥削、财产、阶级斗争和革命转型方面的最好方式。[①]

在列宁科学揭示垄断资本主义的垄断本质,作出帝国主义就是资本主义的垄断阶段,是资本主义的最高、最后阶段的科学结论之前,许多人,如霍布森、希法亭、卢森堡、考茨基、布哈林和库诺夫等都对垄断资本主义即帝国主义作过理论探讨,他们有的是马克思主义

---

① 参见[巴西]马塞洛·费尔南德斯:《帝国主义与体系稳定性问题》,陈文旭译,《国外理论动态》2018 年第 11 期。

者,有的是非马克思主义者,有的是反马克思主义者,尽管他们对垄断资本主义作了多方面、多视角的研究,提出一些有价值的看法,但总体上并没有揭示垄断资本主义的本质,有的作了错误的判断,甚至进行美化粉饰。

列宁在对垄断资本主义进行了全面分析的基础上揭示了垄断资本主义即帝国主义的本质,并对其下了一个简短又极为概括明确的科学定义:"帝国主义是资本主义的垄断阶段。"[①]他概括了帝国主义的五个基本特征,"(1)生产和资本的集中发展到这样高的程度,以致造成了在经济生活中起决定作用的垄断组织;(2)银行资本和工业资本已经融合起来,在这个'金融资本的'基础上形成了金融寡头;(3)和商品输出不同的资本输出具有特别重要的意义;(4)瓜分世界的资本家国际垄断同盟已经形成;(5)最大资本主义大国已把世界上的领土瓜分完毕。帝国主义是发展到垄断组织和金融资本的统治已经确立、资本输出具有突出意义、国际托拉斯开始瓜分世界、一些最大的资本主义国家已把世界全部领土瓜分完毕这一阶段的资本主义"[②]。列宁从对帝国主义本质和特征的基本分析出发,明确得出帝国主义经济政治发展不平衡、帝国主义就是战争、帝国主义是无产阶级社会主义革命前夜、社会主义革命有可能在帝国主义统治的薄弱环节率先取得胜利等一系列马克思列宁主义的创造性结论。

列宁对帝国主义的定义和概括并没有过时,仍然适用于国际金融垄断资本主义,即新型帝国主义。列宁所概括的垄断资本主义的本质和特征,在国际金融垄断资本主义,即新型帝国主义那里,其本质和基本特征并没有根本改变,只不过表现得更为突出、更为鲜明、

---

① 《列宁选集》第2卷,人民出版社2012年版,第650页。
② 《列宁选集》第2卷,人民出版社2012年版,第651页。

更为发展、更为隐蔽、更为狡诈，变得更加贪婪，更加腐朽，更富有侵略性、垂死性以及两面性，带来更激烈的世界性矛盾和全球性问题。尽管国际金融垄断资本主义出现了许多新的变化和新的特点，但这只不过是把帝国主义的固有本质特征发展到极致，同时又随着马克思主义和科学社会主义愈益显示出时代的真理性，新型帝国主义表面上越发装扮得更显得让人们容易接受。

一、国际金融垄断资本主义的垄断本质只是强化并无根本改变

国际金融垄断资本主义的垄断本性和特征并没有根本改变，新型帝国主义只是使垄断向着更为集中、更为深厚、更为贪欲的方向发展。

列宁认为，垄断是垄断资本主义最深厚的经济基础，是垄断资本主义最基本的经济特征。列宁《帝国主义论》关于帝国主义就是垄断资本主义的定义，关于帝国主义的经济基础就是垄断的科学概括，关于产业资本与银行资本相互融合所形成的金融资本对资本主义的全面垄断控制开始形成金融寡头的判断，仍然是正确的。然而发展至今日，列宁所讲的金融垄断资本同当代国际金融垄断资本不可同日而语了，在新的历史条件下，国际金融垄断资本的帝国主义新特征已经形成。无论私人垄断、国家垄断，还是国际垄断，无论是工业资本垄断、金融资本垄断，还是国际金融垄断资本，国际金融垄断资本的本质仍是垄断，只不过其垄断的形式更为集中、更为聚集、更为深厚、更为嗜血、更为狡诈、更具两面性。这种新的变化是资本主义不可克服的内在矛盾驱动的必然结果，是资本主义发展历史必然性的

表现,谁也改变不了。虽然垄断更为集中了,整体上越发成为生产力发展的阻碍因素,但也不是完全阻断生产力的发展,国际金融垄断资本主义仍能表现出一时的跳跃式发展,不完全排斥发展。

二、国际金融垄断资本主义的本性仍是追求利润最大化

无止境地追求利润最大化是一切资本的本性,国际金融垄断资本主义追求利润最大化的本性并无改变,反而变本加厉,导致新型帝国主义控制全球、独霸全球的贪欲更为强烈、更富有侵略性,霸权主义、欺凌主义、单边主义成为其突出表现。

国际金融垄断资本无止境地追求利润最大化进一步强化了其投机性、侵略性和短期行为,强化了新型帝国主义的霸凌主义和侵略本性。美帝国主义集中表现出新型帝国主义的全部本性,金融资本扩张流向全世界,利润回流到西方发达资本主义国家,特别是流入美国,这是发达国家盘剥落后国家的铁证。

在新型帝国主义心目中,新型帝国主义的国家机器成为霸权主义、欺凌主义、单边主义的侵略工具。新型帝国主义认为世界一切都是它的,它搜刮世界财富,拼命控制世界的欲望越发激烈,驱使它拼命掠夺、欺诈、控制全世界,乃至不惜血本发动战争。

三、国际金融垄断资本主义的资本主义本质关系并无根本改变

当代资本主义雇佣关系这一资本主义的本质关系并无根本改

变,新型帝国主义奴役全世界、掠夺全世界的本性反而得到进一步扩张。

雇佣关系是资本主义生产关系的核心基础,是资本主义的本质关系。在国际金融垄断资本主义世界体系内,公司的管理人员也是受雇者,虽然一些工人在公司中持有股份,但他们仍然是工人阶级,所谓"中产阶级"实际上是收入较高的雇工,只是资产阶级政治家为了模糊工人阶级与资产阶级的阶级分野、对立而发明的骗人之说。工人阶级仍然是被剥削、被压迫的被统治阶级,资产阶级仍然是剥削阶级、统治阶级。工人阶级与资产阶级的雇佣关系、剥削关系、阶级对立关系并未根本改变。

四、国际金融垄断资本主义的资本主义 经济危机并没根除

资本主义经济危机并未消除,金融危机成为国际金融垄断资本主义经济危机的主要表现形式和最大风险源,新型帝国主义是无法克服经济危机困扰的,必然从其独霸世界的侵略行为中,从危机阵痛中走向毁灭。

国际金融垄断资本控制的超巨型跨国公司内部的有组织和有计划性与资本主义世界市场体系的无政府状态的矛盾,世界生产能力无限扩大趋势与世界范围内有效需求不足的矛盾,必然造成严重的生产过剩、金融泡沫和通货膨胀,必然导致以金融危机为主要形式的资本主义世界性的经济危机。从 20 世纪 90 年代以来资本主义经济危机越加频繁,几乎连成一串了,从 90 年代初日本泡沫经济崩溃、经济长期低迷,到 1992 年、1993 年、1995 年欧洲货币体系动荡和危机,

1994 年墨西哥金融危机,1997 年亚洲金融危机,1998 年俄罗斯金融风暴,1999 年巴西金融危机,2001 年阿根廷债务危机,直到 2007 年美国次贷危机引发 2008 年国际经济危机,2009 年希腊等欧盟国家的欧盟主权债务危机,2020 年世界新冠肺炎疫情造成的世界性经济大萧条等,都是例证。资本主义危机频发,往往从一国危机一下子演变成世界性、结构性、全局性、系统性危机,经济危机扩展到政治民主危机、生态危机、价值观危机和制度性危机。危机造成工人阶级和广大劳动群众结构性失业,工人阶级和广大人民群众相对贫困加剧,加重社会阶级矛盾。经济危机持续的周期越来越长,间隔越来越短,危害越来越大,资本主义自我调节、局部改革的余地、空间越来越小。从 2008 年国际经济危机爆发至今,资本主义尚未从危机阴影中走出来,又遇上更严重的新冠肺炎疫情的冲击,资本主义世界进入了史无前例的大危机、大萧条、大衰落的进程之中。

马克思、恩格斯虽然生活在自由竞争资本主义阶段,尽管帝国主义还没有充分发展起来,但他们已经明确提出了资本主义总危机的思想。据中国社会科学院学者陶大镛考证,马克思在《资本论》中尽管没有使用"总危机"的明确提法,但不止一次地谈到过"总危机"这个范畴。他举例马克思在《资本论》第 1 卷第二版跋里所指出的,"使实际的资产者最深切地感到资本主义社会充满矛盾的运动的,是现代工业所经历的周期循环的各个变动,而这种变动的顶点就是普遍危机"①。他考证郭大力、王亚南译本将"普遍危机"译成"全面的危机",认为"普遍危机"实际上就是"总危机"。认为马克思、恩格斯原文或中文译文虽不一致,但马克思主义关于"总危机"的含义都

---

① 《马克思恩格斯文集》第 5 卷,人民出版社 2009 年版,第 23 页。

是一致的。①

列宁进一步丰富了马克思、恩格斯关于资本主义总危机的思想,明确提出资本主义总危机理论。在分析帝国主义是资本主义的最高阶段,分析垄断资本主义的经济、政治特征的基础上,他提出垄断资本主义国家经济政治发展不平衡,致使垄断资本主义内部多重矛盾激化,形成了资本主义总危机,形成帝国主义是无产阶级和社会主义革命前夜的科学论断。列宁认为,资本主义总危机是整个世界资本主义体系的全面危机,是垂死的资本主义和新生的社会主义之间的生死博弈,包括世界资本主义制度趋于灭亡和社会主义制度趋于胜利的整个历史时期。资本主义总危机的根本特点是帝国主义国民体系的危机、市场问题的尖锐化以及由此产生的生产过剩、企业经营开工不足、经常的大批失业和资本主义周期性危机;资本主义总危机不是一时的,而是包括整整一个历史时期,是伴随着垄断资本主义的整个历史时期。列宁认为,资本主义总危机不是一时的行动,而是一个很长的激烈的经济政治动荡和尖锐的阶级斗争的时期,整个资本主义彻底崩溃和社会主义社会诞生的时期。"资本帝国主义时代是成熟的、而且过度成熟的资本主义时代,这时的资本主义已面临崩溃的前夜,已成熟到要让位给社会主义的地步了。"②

列宁指出,帝国主义经济政治发展不平衡,致使资本主义内在矛盾激化,造成资本主义总危机,引发了第一次世界大战,战争导致革命,爆发了俄国十月社会主义革命。列宁科学地预见到第一次世界大战后,还会引发由帝国主义矛盾引起的第二次世界大战。第一次

---

①　参见陶大镛:《资本主义总危机的理论和现实》,原载《经济研究》编辑部编:《论当代帝国主义》,上海人民出版社1984年版,第85页。

②　《列宁全集》第27卷,人民出版社1990年版,第118页。

世界大战之后,帝国主义国家发展的不平衡规律的作用又一次剧烈地破坏了资本主义世界体系内部的平衡,资本主义总危机的爆发导致帝国主义阵营重新分为两大敌对阵营,引爆了第二次世界大战。二战后,并没有从根本上消除垄断资本主义的内在矛盾,由于社会主义阵营的出现,产生了与资本主义世界市场体系相对立的社会主义世界市场体系,垄断资本主义的经济势力受到削弱,它们控制的地盘受到挤压而变小,夺取世界资源的范围缩小,世界市场销售条件不断恶化,造成新的需求不足、生产过剩、工人失业、国内矛盾加剧,从而强化了社会主义与资本主义、垄断资本主义各国之间的矛盾。苏联解体,美国帝国主义独霸世界,形成了美国一家控制的统一的资本主义世界市场体系,与美抗衡力量相对变弱,世界进入了一度相对缓和的发展时期。然而,这种缓和是暂时的,并没有从根本上消除资本主义总危机产生的内在矛盾。

列宁之后,斯大林坚持了列宁关于资本主义总危机的理论。斯大林认为,资本主义总危机是一个世界性的历史发展过程,他把总危机看作是一个长期而剧烈的经济和政治的动荡过程。他在《苏联社会主义经济问题》中,指出资本主义总危机是"既包括经济,也包括政治的全面危机"①。当然,斯大林关于世界存在社会主义和资本主义两大市场体系,社会主义市场体系挤压了资本主义市场体系,使垄断资本主义内在矛盾加剧,导致资本主义总危机加深的具体结论,由于条件的变化而需要调整和修补,但马克思主义关于资本主义总危机的理论仍然闪烁着真理的光芒。

从20世纪50年代到21世纪20年代,资本主义发展的历史进

---

① 《斯大林选集》下卷,人民出版社1979年版,第582页。

程证明了马克思主义经典作家关于资本主义总危机的理论是正确的，虽然经过第二次世界大战后一段时间资本主义相对缓和发展至今，乃至虽然资本主义在苏联解体以来一段时间发展至高峰，但资本主义从来没有停止过阵发式的危机。中国特色社会主义的和平发展取得了成功，若干社会主义国家成功地站稳了脚跟，欧洲垄断资本主义成立了统一的欧共体，欧洲、日本等主要垄断资本主义地区和国家与美国霸权相抵触，一系列发展中国家，如俄罗斯、伊朗等与美国等西方垄断资本主义相抗衡，反对单边主义、霸权主义成为世界潮流，进一步挤压美国垄断的世界资源和市场，垄断资本主义的世界性矛盾趋于激化，接连爆发了更为严重的经济萧条，如 2008 年的国际金融危机和 2020 年新冠肺炎疫情引发的新的经济危机，致使资本主义总危机进一步加深、加剧，以美国为首的西方垄断资本主义不可避免地走上了衰落的不归之路，资本主义陷入了不可遏制的总危机之中。事实证明，资本主义总危机是资本主义的经济、政治、意识形态、制度在内的全面的危机，是总体走向崩溃的危机。

马克思列宁主义关于"资本主义总危机"的理论是值得我们重新重视考量的。

五、国际金融垄断资本主义保留并强化了帝国主义强权、掠夺、侵略的本性

掠夺、欺压和剥削弱小国家和民族是国际金融垄断资本主义的必然行为和本质表现，国际金融垄断资本主义强化了资产阶级专政实施阶级统治镇压的国家职能，新型帝国主义就是强权，就是侵略，就是剥夺。

资本主义实行的是资产阶级专政,资产阶级民主制只不过是资产阶级专政的一种表现形式,是资产阶级专政的遮羞布。在新型帝国主义那里,资产阶级民主的遮羞布,需要就用一下,不需要干脆撕掉。新型帝国主义大力强化其国家强力机器,扩军备战,武装到牙齿。从国内到国外,谁触动它的利益,它就依靠强力压服谁、打服谁,谁反抗它,它就会动用武力乃至加以剿灭。国际金融垄断资本主义一切都在变,不变的是国际金融垄断资本对本国工人阶级及广大劳动人民剥削的本质,对发展中国家盘剥的本质,是新型帝国主义战争狂人的本性。国际金融垄断资本加大了建立在新殖民主义基础上的帝国主义对外扩张,美国通过美元的霸主地位"剪全世界的羊毛"而形成了巨大的金融利润,大部分都落入了美国国际金融垄断资本家阶层的口袋之中,美帝国主义就是新型帝国主义。

六、国际金融垄断资本主义的争霸斗争更加激烈

国际金融垄断资本主义的争霸斗争更为激烈,在当今表现为美国一超独霸,为了谋取和维持霸权不断发动战争,只要新型帝国主义存在,战争就不可避免。

列宁在《帝国主义论》中指出:"只要生产资料私有制还存在",在帝国主义的经济基础上,"帝国主义战争是绝对不可避免的"。① 霸权主义、欺凌主义、强权政治、单边主义,让美国国际金融垄断资本

---

① 列宁:《帝国主义是资本主义的最高阶段》,人民出版社 2014 年版,第 6 页。

把帝国主义的侵略本性发挥得淋漓尽致,现在是美国新型帝国主义独霸世界。相互争霸和恃强凌弱是垄断资本主义处理国家关系的常态。17世纪英荷为争夺海上霸权多次发生战争。17世纪末到18世纪英法之间多次爆发争夺欧洲霸主地位的战争。19世纪普法战争、俄国与英法之间的克里米亚战争,都是为了争夺霸权。19世纪的美西战争是为了争夺美洲大陆。两次世界大战的发起都是由帝国主义国家之间争夺地盘、资源、利益所致。进入21世纪也是如此,美国新型帝国主义为了推行单边主义,依靠国际金融垄断资本的力量,以及科技、军事实力,谋取世界霸权,维持其霸主地位,不惜发动了多场战争。

学者杨守明认为,2008年爆发的21世纪首轮全球金融危机,不仅是自1929年西方经济大萧条以来,现代资本主义发展史上的又一历史转折点,而且开启了21世纪帝国主义新一轮全面升级的侵略扩张进程。他指出,国外共产党认为,2008年国际金融危机引发和加剧了帝国主义国家之间的竞争与战争,是当代帝国主义侵略扩张持续升级的直接诱因;服从和服务于金融垄断资本,是当代帝国主义侵略扩张持续升级的根本原因。[1] 美帝国主义在给以叙利亚为中心的地中海中部地区,以乌克兰、克里米亚为中心的黑海地区,以也门为中心的阿拉伯半岛,以伊朗为中心的中西亚地区,以古巴、委内瑞拉为中心的加勒比地区带来战火硝烟、战争频仍和危机伺起的同时,引发了世界范围内的紧张局势和安全危机,战争随时有可能爆发,特别是局部性战争。

---

① 参见杨守明:《金融危机以来国外共产党对当代帝国主义的分析和批判》,《当代世界与社会主义》2019年第3期。

七、国际金融垄断资本主义没有改变
资本主义必然灭亡的历史趋势

国际金融垄断资本主义,即新型帝国主义尽管出现了一些新变化、新特征,但资本主义的基本矛盾依然存在,国际金融垄断资本主义,即新型帝国主义的本质没有变,资本主义必然灭亡,社会主义、共产主义必然代替资本主义的历史趋势没有改变。

国际金融垄断资本主义进一步加剧两极分化,工人阶级与资产阶级、社会主义与资本主义,发展中国家与发达国家之间的矛盾与斗争呈现出新的特点,新型帝国主义加剧了国际金融垄断资本主义的内外矛盾,越发显示已经走到资本主义发展的最后阶段。

资本主义必然导致两极分化,国际金融垄断资本主义并没有遏制两极分化、社会分裂、阶级对立的趋势,反而进一步加剧了日趋严重的贫富分化、社会分裂、阶级对立,形成了强资本、弱劳动的世界格局,资本与劳动的对立这一资本主义固有矛盾不仅没有消除,反而更加深化、尖锐、激烈。国际金融垄断资本主义的发展导致金融投机盛行,产生大规模资产泡沫,造成失业严重、贫富悬殊、不平等加剧,加速的社会分裂、两极分化引发社会危机,致使越来越多的人加入无产阶级队伍。在国际金融垄断资本主义国家内部,一边是富人,一边是穷人。美国最富有的 50 人与最贫穷的 1.65 亿人拥有的财富相等,1%最富有的人净资产是最贫困人口的 16.4 倍。① 产业空心化,对依靠普通制造业生活的一般技能工人就业形成了致命打击,造成大

---

① 《综述:华丽外袍下爬满虱子——且看美国"人权教师爷"斑斑劣迹》,新华社,2021 年 3 月 24 日。

规模失业，相当规模的人靠救济金度日。美国爆发的"占领华尔街运动"明确提出 1% 对 99% 的抗争，就是两极分化的集中反映。在当代资本主义世界体系内，穷人和富人、穷国和富国迅速分化，贫富悬殊，加强了资本主义固有的不可克服的内在矛盾，加重其垂死性。

国际金融垄断资本主义导致阶级矛盾和对抗国际化、全球化。在资本主义世界体系中，发展中国家是穷国，发达国家是富国，一边是富国，一边是穷国，资本主义世界体系内富国与穷国的矛盾更为激化。马克思所揭示的资本运动带来一端积累财富，而另一端积累贫困的必然性，在发展中国家与发达国家的贫富悬殊中得到充分体现。国际金融垄断资本通过不平等的交换，使得发展中国家生产的剩余价值向发达国家转移，穷国内部的两极分化贫富悬殊也更为尖锐，劳动人民的贫困化和两极化也向发展中国家转移，发展中国家与发达国家的差距持续扩大，富国越来越富，穷国越来越穷。发展中国家与发达国家两极分化是国家金融垄断资本主义世界体系内资本与劳动对立的表现。资本主义所讲的世界各国之间的共存关系，实质上是依附关系，是发展中国家对发达国家即国际金融垄断资本主义国家的依附，穷国对富国的依附。

与 20 世纪 80 年代以来的国际工人运动处于低潮形成鲜明对比的是，2008 年以来主要发达资本主义国家，如美国、英国、法国、比利时等国家工人阶级及其广大劳动人民掀起了新一轮罢工高潮。如，法国 2006 年 3 月爆发的百万工人大罢工、2016 年 3 月发生的"黑夜站立"运动、2018 年 11 月开始的"黄马甲运动"，美国 2011 年 9 月的"占领华尔街运动"、2020 年 11 月"黑人的命也是命"的抗争运动，2019 年 2 月的比利时大罢工等，都直指资本主义制度和新自由主义意识形态，呈现出新的特点；当代资本主义国家的民族、种族、宗教之间的冲突,不同阶级、阶层、族群、党派对立日益撕裂、更为激烈化、不断尖锐化;资本主义民主政治日益成为"金钱政治",选举成为"有钱人的游戏";资产阶级表现出对工人阶级和广大劳动人民空前的冷漠;工人阶级并没有放弃对资本主义剥削制度和资产阶级的反抗,不断体现出工人阶级及其广大劳动群众对社会主义的向往;彰显了工人阶级的团结,表现出集体斗争的力量;体现了工人阶级政党对工人运动领导的必要性和迫切性。

美国政府日益受制于国际金融垄断资本的制约,美国垄断资本主义国家机器已经沦为少数国际金融垄断资本权贵的"金融寡头政体"。美国的国家机器、国家权力集中体现为总统制,当代美国的总统制的本质是金融垄断资本家利益集团的总代理人制,美国金融垄断资本家集团对总统的控制力越来越强,仅 2020 年美国大选花费达到创纪录的 140 亿美元,经费主要来自金融垄断资本家集团。美国的总统选举制是一种典型的虚假民主,只不过是美国金融垄断资本控制的"金钱民主"。国际金融垄断资本攫取越来越多的超额利润造成国家控制的公共财富日益贫瘠,政府债台高筑,形成财政赤字。1945 年美国公共债务只有 2580 亿美元,1990 年冷战结束前达 3.2 万亿美元,截至 2020 年年底,美国债务总量已超过 23 万亿美元。美国每年仅支付的公共债务利息就超过 2700 亿美元。据美国著名学者安德森·维金推算,美国每获得 1 美元 GDP,必须借助 5 美元以上的新债务[1],美国正是靠这种"钱生钱""钱滚钱"的办法掠夺全世界,同时也加重了自身的债务危机。美国政府多次发生停摆现象就是例证。自美国国会预算程序于 1976 年正式执行以来,美国政府共

---

[1]　钮文新:《美国债的未来》,《中国经济周刊》2011 年第 31 期。

出现过 19 次停摆,且停摆基本呈现越来越严重的态势,在 2018 年 12 月到 2019 年 1 月特朗普执政期间,美国政府就出现了历史上最长的一次停摆,停摆时间长达 35 天。

负债累累的美国政府迫切需要增加公共财富以减少社会压力,这就需要政府加大税收,而加大税收又会招致反弹,有穷人的反弹,也有富人的反弹。特别是富人的反弹给美国政府造成新的负担和压力,这又导致政府为买好国人,特别是富人而减税,对富人和大公司减税力度更大。减税的结果是给政府带来更大财政压力,迫使政府削减公共开支,加重政府的社保、医保压力,这就进一步加剧社会分化和不平等,逼迫美国新型帝国主义运用国家机器加强对全世界的盘剥,加强军事预算,加大军工生产力度,把内部矛盾向外部转移,导致连续对外用兵,通过战争消耗刺激本国经济畸形发展,以喂饱金融垄断资本家填不饱的肚子。新型帝国主义的强权政治、霸凌主义加剧了社会分裂与对立,这是新型帝国主义挥之不去,摆脱不了的恶魔。

社会化大生产和资本主义占有之间的矛盾是资本主义生产方式不可克服的对抗性矛盾,发展到国际金融垄断资本主义,资本主义基本矛盾不仅没有消除,反而更加尖锐化。列宁指出:"生产社会化了,但是占有仍然是私人的。社会化的生产资料仍旧是少数人的私有财产。在形式上被承认的自由竞争的一般架子依然存在,而少数垄断者对其余居民的压迫却更加百倍地沉重、显著和令人难以忍受了。"①国际金融资本主义的私人占有制与社会化、国际化大生产之间的矛盾、资本与劳动之间的矛盾,在经济全球化进程中演化为一系

①　《列宁选集》第 2 卷,人民出版社 2012 年版,第 593 页。

列具体矛盾,表现为世界生产的无限扩大与世界市场有限的矛盾,跨国公司内部有组织、有计划的生产与资本主义世界市场体系的无组织、无计划的矛盾,表现为发达国家与发展中国家的矛盾,社会主义国家与资本主义国家之间的矛盾,各发达资本主义国家之间的矛盾,资本主义国家内部各资本家之间的矛盾,资本主义国家内部工人阶级与资产阶级的矛盾,世界社会主义与资本主义、无产阶级与资产阶级的矛盾,这些矛盾都在酝酿、激化,其中社会主义与资本主义,工人阶级与资产阶级之间的矛盾是矛盾的主线。垄断资本主义国家与社会主义国家之间的矛盾,发达国家与发展中国家的矛盾,发达国家之间的矛盾越来越激化。这些矛盾导致世界经济总供给与总需求的矛盾越发激化……经济发展的严重失调和各国发展的更加不平衡,造成严重的生产过剩、通货膨胀、金融泡沫,进而导致世界不断发生阵发性的金融动荡危机和经济危机。如前文所述,从 20 世纪 90 年代初日本泡沫经济崩溃,到 2008 年国际金融危机,2020 年新冠肺炎疫情带来的世界经济大萧条,资本主义世界体系一直处在危机动荡之中。

国际金融垄断资本主义已经进入了曲折而又漫长的衰亡进程。当代资本主义的基本矛盾由一国扩展到全球,资本主义基本矛盾全球化。虽然资本主义基本矛盾在某个时刻,某个国家、地区有所缓和,但总体矛盾是解决不了的,总体矛盾愈演愈烈。资本主义自我调控矛盾的能力越来越弱,余地越来越小。

国际金融垄断资本主义,即新型帝国主义进入了总的衰落下降期,美国的迅速下降衰落就是典型。2021 年 8 月 15 日,阿富汗塔利班占领首都喀布尔,进而解放包括反塔利班武装盘踞的潘杰希尔省的阿富汗全境,并宣布成立临时政府,建立正式国家。美国从阿富汗撤军，入侵阿富汗 20 年失败，这是世界百年未有之大变局的一个标志性事件。表明美国新型帝国主义 11 年反恐失败，大规模武装干涉单边推行国际霸权的行为已经力不从心。美国已经完成全球战略重点收缩，把战略重心从全面海外干涉收缩到印太地区、大力拉拢战略盟友，把中国作为主要对手。这一方面说明，美国的侵略性和险恶，把我国作为主要战略对手；另一方面也说明，美国实力下降，力不从心。侵略阿富汗是美国历史上海外用兵最长的战争，代价高昂，耗费巨大，消耗了美国的实力。据美官方统计，美在阿富汗花费 1 万亿美元，国外民间机构统计实际花费达 2.26 万亿美元。阿富汗和伊拉克两场战争合并计算，到 2050 年美国政府连本带息需支付 8 万亿美元。

八、国际金融垄断资本主义使得意识形态的较量更为激化

资本主义与社会主义，资产阶级与无产阶级决定人类未来命运与前途的斗争，解决谁胜谁负的最后问题，必然通过意识形态斗争反映出来，又往往聚焦在意识形态斗争上，意识形态的较量表现得越发白热化。

第二次世界大战后，出现一个强大的苏联和社会主义阵营，社会主义运动和反帝反殖民主义的民族民主运动风起云涌，特别是经过朝鲜和越南两场战争，垄断资产阶级的政治家、思想家们日益认识到单靠军事力量难以彻底打败工人阶级政党、社会主义国家和一切社会进步力量。为了维持垄断资本主义的世界统治地位，它们发明了一手抓军事围剿，一手抓意识形态斗争，运用所谓的"巧实力""软实力"，发动"民主人权运动""和平演变""颜色革命"等，打一场旷日

持久的意识形态战争,促使苏东剧变,社会主义进入低潮,世界上仅存五个社会主义国家,共产党和社会主义运动受到重创。这场暂时的历史性大倒退,使得资本主义政治家们更加相信意识形态的作用,更加巧妙地力图运用意识形态力量,通过"和平演变""颜色革命"的途径,搞垮世界社会主义和国际共产主义力量。当然在推进"和平演变"战略的同时,它们从来没有放弃经济压制与军事打击。

国际垄断资本主义,即新型帝国主义对社会主义和一切民主和平的进步力量正在打一场意识形态战争,大力推行对全世界的"文化侵略"战略,企图通过"和平演变""颜色革命",改变社会主义国家的颜色和颠覆一切不听它们控制的民族国家政权。

20世纪中叶以来,以美国为首的新型帝国主义国家加紧推行"文化扩张"战略,企图以一种更隐蔽、更欺骗的方式延续新型帝国主义在经济、政治和文化上的全球统治。美国学者赫伯特·席勒在提出文化帝国主义概念时指出,美国作为信息与文化产品流动的控制中心,通过资本的指挥支配着全世界,包括边缘地区的信息渠道,而"信息的自由流动"恰恰作为一种神秘话语掩盖了支配的实质。①冷战结束后,"文化帝国主义"一度出现"话语的消逝",但这并不影响新型帝国主义以新的面貌"复活""文化侵略"。

进入21世纪,在知识经济、经济全球化和信息技术革命三重效应叠加下,美国新型帝国主义凭借其文化和媒体、互联网和信息资源的垄断,主导国际话语权,通过大众文化的商业化和市场化运作,在全世界大行"文化殖民""文化霸权""文化帝国主义",加大意识形态的攻击力,迫使社会主义国家和文化弱势国家趋于"美国化",给

---

① 参见[美]赫伯特·席勒:《大众传播与美利坚帝国》,刘晓红译,上海译文出版社2006年版。

世界多样化生态造成极大破坏。这种"新型帝国主义"在文化侵略方面有四个新特征:

一是通过美元与知识产权垄断,形成不平等的国际分工和两极分化的全球经济和财富分配。锡耶纳大学经济学教授乌格·帕咖洛①将 21 世纪资本主义称作"知识垄断资本主义",其核心特征是在全球或一定区域内通过对知识的垄断,包括专利垄断、著作权垄断、申遗垄断、商业秘密垄断、植物基因开发垄断等,从发展中国家攫取高额垄断利润,掠夺社会财富,限制甚至扼杀发展中国家的科技创新,最终遏制社会主义国家和一切发展中国家的发展甚至生存。20世纪 90 年代中期以来,发达的新型帝国主义国家的国际垄断企业控制了全世界 80%的专利和技术转让及绝大部分国际知名商标,并因此获得了大量收益。

二是通过全球信息资源垄断,利用国际信息秩序不平衡的结构性矛盾,构建"媒介帝国主义"和"信息帝国主义"。新传播技术生态中呈现以下四个新问题:发达的网络社交平台加剧文化间的不信任、不理解,"数字资本主义"导致数据伦理及相关社会问题,"数字鸿沟"催生知识的"阶级性",信息资源的"圈层"特权。这种网络文化霸权是新型帝国主义殖民逻辑的数据化表现,其本质是利用传播技术的"黑箱",将平台中立性和技术性演绎为一种可以掩盖资本入侵网络民族主权的"神话"。

三是通过对世界文化产业体系的垄断和文化资本化带来文化上

---

① 乌格·帕咖洛(Ugo Pagano)是锡耶纳大学经济学教授和经济学博士课程主任,并任教于剑桥大学。著有《经济理论中的工作与福利》,主要研究领域为经济学和法律,撰写了大量组织经济学、生物经济学、民族主义和全球化、知识产权和当前经济危机等方面的文章。

血腥的"剥夺性积累",推行文化"圈地运动"和"可口可乐殖民主义"。商业化和市场化产品和服务的"自由选择",带来的是个人"真正自由的遮蔽";好莱坞电影向世界观众的大脑中植入去历史化的个人英雄主义,满足着人的视觉欲望;商业广告为全世界带来消费主义的狂欢,输出价值观以及商品的同质化需求;西方媒体设置全球新闻的议事日程,播送着所谓的"客观"报道,而非西方的、非资本主义的、来自社会底层的声音被遮蔽。人们在享受不加思考的标准化、同质化的生活中却不得不接受"美式民主文化"。

四是通过国际话语权垄断进行意识形态和价值观输出,威胁各民族国家的文化认同和文化主权。西方大国主要是"通过媒介霸权、话语控制、意识形态输出、殖民文化传播等来建立起话语霸权或文化霸权"。西方发达垄断资本主义文化在国际交往中首先通过强大的媒介力量,形成具有绝对优势的话语控制。在当今世界,如果某种话语在文化领域中成为一种主导性的话语,实际上就限制了其他文化的传播和发展,西方的话语霸权隔断的正是弱势国家的文化传统之根,使得弱势国家的传统文化与西方资本的所谓现代文化之间存在深度断裂,造就一大批无家可归的"文化难民"和"无根民族"。新型帝国主义引发了多重文化危机:世界文化的多样性生态环境遭到破坏,各民族国家的文化认同和文化主权受到威胁,人类精神文明总体发展进程受阻。全世界弱势国家应该联合起来,共同抵抗文化强势的新型帝国主义国家的文化侵略。

总之,新型帝国主义进一步加强意识形态的攻击力,大肆传播"普世价值""宪政民主""历史虚无主义""资产阶级民主人权",企图通过"和平演变""颜色革命"颠覆社会主义国家政权和一切反对霸权主义的民族国家政权。

九、国际金融垄断资本主义经济政治发展不平衡的普遍规律仍起作用

国际金融垄断资本主义，即新型帝国主义各国经济政治发展不平衡仍然是普遍规律。

世界经济政治发展不平衡是资本主义的绝对规律，是资本积累扩张规律发生作用的必然结果。国际金融垄断资本主义不仅没有使这条规律消失，反而使规律加重，社会两极分化急速扩大，经济危机连续爆发、贫困人口增多就是这条规律起作用的结果。这条规律决定发达资本主义国家经济政治的地位逐渐削弱，最强大的国际垄断资本主义国家美国的霸主地位日益下降，发展中国家、社会主义国家在不平衡规律的作用中，其地位和作用逐步上升。

列宁在《帝国主义论》中通过对帝国主义各国经济政治状况的分析，得出了一个重要结论，帝国主义各国经济政治发展是不平衡的，今天这个结论仍然是正确的，新型帝国主义各国的经济政治发展依然是不平衡的。帝国主义各国发展不平衡的规律是由资本主义制度的本质所决定的，在资本主义世界市场体系内，市场经济的规律决定了资本主义国与国、地方与地方、企业与企业之间呈现经济发展有高有低、有快有慢、有大有小，这是在市场经济体制中追逐超额利润的结果，这就造成了国家、地区、企业的跳跃式的、不平衡的发展，国际金融垄断更加剧了这种不平衡。国际金融垄断资本主义经济的不平衡，决定了它军事、文化、政治实力的不平衡。第一次世界大战前的英国独霸、冷战时的美苏争霸、现在的美国独霸，帝国主义国家之间对霸权的争夺，都说明了不平衡规律的确定性。不平衡规律的结

果就是战争,靠战争解决问题。不平衡规律使得社会主义革命有可能在薄弱环节突破,十月革命如此,中国革命如此,一系列东方革命也是如此。第二次世界大战后,资本主义国家发展呈多样性,有先发国家,也有后发国家;有中心国家,也有外围国家;有穷国,也有富国;有霸主国家,也有非霸主国家,造成今天单边主义与多边主义之争的复杂多变的国际格局。

20世纪50年代初,美国发动的朝鲜战争,能够一呼百应,组织起庞大的联合国军。到了20世纪90年代,美国发动海湾战争、南斯拉夫战争、利比亚战争的动员力已经下降,但尚能够动员西方资本主义强国,拼凑起来联军,但到了叙利亚战争、与伊朗对抗时,已很难纠集起西方资本主义国家进行联合军事行动了。美国新型帝国主义的霸主地位在下降,不可一世的美帝国主义必然受到不平衡规律的惩罚。

对于国际金融垄断资本主义,我们必须从马克思主义的立场、观点、方法来认识它的新现象、新变化和新特征。一方面,国际金融垄断资本主义创造了比国家垄断资本主义更先进、更强大的劳动率和生产力,推动了高新科技新的一轮革命和信息智能变革,掀起了新浪潮,进一步推动了全球化发展,极大地增加了社会的物质财富,为新的社会形态的成长成熟提供了必要的物质条件。列宁说,"任何一个马克思主义者都不会忘记,资本主义比封建主义进步,而帝国主义又比垄断前的资本主义进步"①。马克思在《〈政治经济学批判〉序言》中指出,"无论哪一个社会形态,在它所能容纳的全部生产力发挥出来以前,是决不会灭亡的;而新的更高的生产关系,在它的物质

---

① 《列宁选集》第2卷,人民出版社2012年版,第770页。

存在条件在旧社会的胎胞里成熟以前,是决不会出现的"①。国际金融垄断资本主义比国家垄断资本主义、私人垄断资本主义、自由竞争资本主义在社会生产力发展方面都要进步,这就是历史发展的辩证法。我们还应看到国际金融垄断资本主义具有一定的自我调节和局部改良的能力,还有一定的空间容纳生产力的发展,它还有一定的回旋余地和生存的时间,社会主义取代资本主义将是一个曲折、复杂、反复、长期的历史进程。而更重要的一方面,应当认识到国际金融垄断资本主义的经济实力、政治实力、军事实力、科技实力、文化实力,建立在经济实力基础上的控制世界的实力仍旧强大,资产阶级对工人阶级和一切被剥削民族的压榨和统治手段更严厉、形式更多样、剥夺更残酷、压榨更巧妙,两面性更突出。新型帝国主义本性没有改变,它的侵略性、寄生性、腐朽性、垂死性只是得到一步强化,而并没衰减乃至消失。

---

① 《马克思恩格斯选集》第 2 卷,人民出版社 1995 年版,第 33 页。

第 七 章

应当采取的国际斗争战略策略

在国际斗争中分清敌我友,是制定并采取正确的斗争战略与策略,最大限度地团结一切可以团结的国际力量,最大限度地孤立与我为敌的极少数,以最大的努力和可能解决和构造有利于我和平发展的国际环境的首要问题和必要前提。

毛泽东同志在中国革命初期即开宗明义地指出:"谁是我们的敌人?谁是我们的朋友?这个问题是革命的首要问题。中国过去一切革命斗争成效甚少,其基本原因就是因为不能团结真正的朋友,以攻击真正的敌人。"①开展国内改革与建设如此,开展国际斗争合作也是如此,做好国内工作如此,推进国际工作也如此。在国际斗争合作中,处理好国际关系,分清敌我友,是正确开展国际斗争要解决的首要问题。

从当前国际斗争态势来看,可以简明扼要地说美帝国主义就是中国人民和世界人民的共同对手。美帝国主义国家统治集团是美国极少数国际金融垄断资本家利益集团及其政治代理,是中国人民和

① 《毛泽东选集》第一卷,人民出版社 1991 年版,第 3 页。

全世界一切爱好和平、争取发展的人们的共同对手。我们这里所讲的美帝国主义指的是极少数的美帝国主义者,即美国国际金融垄断寡头利益集团的资本家及其政治代表——美国国家政权的最高统治者。坚决反对美帝国主义的全世界各国的工人阶级、广大劳动人民及其政党,包括美国人民是我们的战友,一切反对美国霸权主义,赞成多边主义的,受到美帝国主义欺负的国家、地区及其政治代表是我们的朋友,包括反对美国单边主义的垄断资本主义国家及其政治代表,包括美国一切对华持友好态度,主张与华合作的势力也是我们应该团结的对象。

就国家制度性质来划分,当今世界可以分为社会主义制度的国家和资本主义制度的国家两大类。就国家经济发展水平来划分,又可以分为发达国家和发展中国家两大类。按国家制度性质来划分的两大类国家与按国家经济发展水平来划分的两大类国家有交叉重复。所谓发达国家,即发达资本主义国家,就是国际金融垄断资本主义国家,包括美国、英国、法国、德国、日本、加拿大、澳大利亚等,占世界各国的少数。所谓发展中国家,即相对落后的国家,占世界各国的大多数。发展中国家在制度上又可以分为社会主义和资本主义两种社会制度性质不同的国家,发展中国家当然而然地包括走上社会主义道路的社会主义国家,还包括走上资本主义道路的相对落后的资本主义国家。第二次世界大战后,一系列殖民地半殖民地国家和地区通过民族民主革命,推翻了垄断资本主义列强的殖民统治,取得了国家独立。其中一部分国家和民族由资产阶级民主革命转变为社会主义革命,走上了社会主义道路,如第二次世界大战后亚洲的中国、朝鲜、越南、蒙古国等国家,东欧的波兰、罗马尼亚、南斯拉夫、捷克斯洛伐克、匈牙利、保加利亚等国家;20 世纪五六十年代走上社会主义道路的亚洲的老挝和拉丁美洲的古巴。一部分国家和民族则走上了资本主义的发展道路,如印度等一大批亚非拉地区的前殖民地半殖民地的国家与民族。然而20世纪八九十年代,苏联解体、东欧剧变,这一历史性变化导致苏联各加盟共和国及东欧一系列社会主义国家,还有亚洲的蒙古国放弃了社会主义制度,走上了资本主义发展道路。到目前为止,世界上仅存的社会主义国家为五个:中国、朝鲜、越南、古巴、老挝。

发展中国家有一个共同点,都曾是帝国主义的殖民地或半殖民地,受到过帝国主义列强的压迫和剥削,现在又饱受国际金融垄断资本主义,即新型帝国主义的盘剥和欺负。有一个共同的民族愿景:都希望在和平的大环境下迅速发展起来,追求和平与发展是他们的共同愿望和要求。

从中华民族振兴的大局出发,我们中国要致力于构建有利于建设社会主义现代化强国,完成包括国家统一在内的中华民族伟大复兴中国梦伟业的国际和平环境,这就需要最大限度地孤立极少数,团结最大多数。建立人类命运共同体是建立国际统一战线的伟大战略构想,也是世界人民共同憧憬和争取的世界大同的愿景。

我们现在迫切需要在国际斗争和国际合作中分清敌我友,依靠真正的战友,团结真诚的朋友,孤立与之作坚决斗争的极少数的敌人。在20世纪,美苏两超争霸时,毛泽东同志认为,苏联已经堕落为社会帝国主义了,提出了"三个世界"的理论。毛泽东同志认为,美苏两个超级大国为第一世界国家,英法德日等垄断资本主义国家为第二世界,中国等社会主义国家和广大发展中国家为第三世界。采取的战略策略是依靠第三世界,团结第二世界,最大限度地孤立并与之斗争的第一世界。当然即使对第一世界也要分化瓦解,分别采取不同的斗争策略。"三个世界"理论符合冷战时期当时的世界格局态势,依据"三个世界"理论所制定的国际斗争和对外工作的战略策略,是有利于团结一切可以团结的力量,最大限度地孤立极少数,为我国创造和平发展环境的。正如党的十九届六中全会决议所指出的那样:"党提出划分三个世界的战略,作出中国永远不称霸的庄严承诺,赢得国际社会特别是广大发展中国家尊重和赞誉。"①尽管时过境迁,半个多世纪过去了,世界格局发生了翻天覆地的变化,但毛泽东同志提出的"三个世界"理论至今仍然具有现实和理论指导意义。

从目前世界格局来看,美国是一超独霸,为第一世界,是全世界追求和平与发展的国家、民族与地区人民的共同对手;西欧和日本、加拿大、澳大利亚等发达资本主义国家为第二世界;中国、俄罗斯等发展中国家为第三世界。以此划分,我们开展国际合作与竞争的战略策略就十分清晰了。当然,对"第一世界"美国而言,也要采取两手策略,两手对两手,以斗争求合作、求和平、求发展。丢掉幻想,准备斗争。要善于把美国人民同美国最高统治阶层的国际金融垄断资本利益集团及其代理人区别开来,把坚决与我为敌的一小撮最贪婪的国际金融资本利益集团同愿与我发展合作关系的资本家利益集团区别开来,把美国最高统治集团中对华主张鸽派政策的同主张鹰派政策的也要区别开来,分别采取不同的策略。对"第二世界",要看到发达资本主义国家也不是铁板一块,它们之间也是矛盾重重。现在西欧发达资本主义各国,由于本国资本的利益也受到美国国际金融垄断资本的欺压,故离心离德,我们应区别对待。一定要坚定不移地坚持与"第三世界"团结起来,要巩固、发

---

① 《中共中央关于党的百年奋斗重大成就和历史经验的决议》,人民出版社 2021年版,第 12 页。

展与俄罗斯的战略伙伴关系,抱团取暖;要同其他四个社会主义国家发展友好关系;同一切发展中国家建立友好合作关系,比如同巴基斯坦、伊朗、柬埔寨等进一步发展战略伙伴友好关系,把我们的朋友团结得越多越好。

参考文献

参考书目：

1．［英］阿纳托莱·卡列茨基：《资本主义4.0》，胡晓姣等译，中信出版社2011年版。

2．［美］大卫·施韦卡特：《超越资本主义》，黄瑾译，社会科学文献出版社2015年版。

3．［英］大卫·哈维：《新帝国主义》，初立忠、沈晓雷译，社会科学文献出版社2009年版。

4．［美］费雷德里克·普赖尔：《美国资本主义的未来》，黄胜强等译，中国社会科学出版社2004年版。

5．樊亢主编：《资本主义兴衰史》（修订本），北京出版社1991年版。

6．《国外理论动态》编辑部：《当代资本主义政治思潮与政治实践》，中央编译出版社2015年版。

7．胡连生、杨玲：《当代资本主义——双重发展趋向研究》，人民出版社2008年版。

8．靳辉明、罗文东主编：《当代资本主义新论》，四川人民出版社2005年版。

9．[美]J.K.吉布森-格雷汉姆:《资本主义的终结——关于政治经济学的女性主义批判》,陈冬生译,社会科学文献出版社2002年版。

10．《经济研究》编辑部编:《论当代帝国主义》,上海人民出版社1984年版。

11．李琮:《当代资本主义阶段性发展与世界巨变》,社会科学文献出版社1998年版。

12．刘儒主编:《当代资本主义专题研究》,红旗出版社2000年版。

13．[法]米歇尔·阿尔贝尔:《资本主义反对资本主义》,杨祖功、杨齐、海鹰译,社会科学文献出版社1999年版。

14．[法]米歇尔·博德:《资本主义史(1500—1980)》,吴艾美译,东方出版社1986年版。

15．[英]梅格纳德·德赛:《马克思的复仇》,汪澄清译,中国人民大学出版社2008年版。

16．南开大学政治经济学系世界经济教研室编:《战后帝国主义经济几个问题》,天津人民出版社1975年版。

17．[英]苏珊·斯特兰奇:《赌场资本主义》,李红梅译,社会科学文献出版社2000年版。

18．[爱尔兰]特伦斯·麦克唐纳、[美]迈克尔·里奇、[美]大卫·科茨主编:《当代资本主义及其危机:21世纪积累的社会结构理论》,童珊译,中国社会科学出版社2014年版。

19．[巴西]特奥托尼奥·多斯桑托斯:《帝国主义与依附》,杨衍永、齐海燕、毛金里、白凤森译,重庆出版社2016年版。

20．[法]托马斯·皮凯蒂:《21世纪资本论》,巴曙松等译,中信出版社 2014 年版。

21．唐正东:《当代资本主义新变化的批判性解读》,经济科学出版社 2016 年版。

22．[比]欧内斯特·曼德尔:《资本主义发展的长波——马克思主义的解释》,南开大学国际经济研究所译,商务印书馆 1998年版。

23．[美]威廉·哈拉尔:《新资本主义》,冯韵文等译,社会科学文献出版社 1999 年版。

24．肖枫:《社会主义·资本主义:两种主义一百年》,当代世界出版社 2000 年版。

25．徐崇温:《当代资本主义新变化》,重庆出版社 2004 年版。

26．[美]伊曼努尔·华勒斯坦:《历史资本主义》,路爱国、丁浩金译,社会科学文献出版社 1999 年版。

27．[日]伊藤诚:《幻想破灭的资本主义》,孙仲涛等译,社会科学文献出版社 2008 年版。

28．[英]约翰·阿特金森·霍布森:《帝国主义》,卢刚译,商务印书馆 2017 年版。

29．[英]约翰·基恩:《公共生活与晚期资本主义》,刘利圭等译,社会科学文献出版社 1999 年版。

30．周淼:《百年大变局视野下的帝国主义理论研究》,当代中国出版社 2021 年版。

参考文章:

1．程恩福、鲁保林、俞使超:《论新帝国主义的五大特征和特性》,《马克思主义研究》2019 年第 5 期。

2．冯旺舟：《新帝国主义研究的问题、进展及其意义》，《理论视野》2020年第9期。

3．郭一君：《新冠肺炎疫情冲击下的帝国主义垄断趋势的新变化》，《世界社会主义研究》2021年第2期。

4．姜辉：《论当代资本主义的阶级问题》，《中国社会科学》2011年第4期。

5．靳辉明：《当代资本主义新变化和发展趋势研究》，《马克思主义研究》2006年第3期。

6．李琮：《当代资本主义的新发展》，《中国社会科学》1998年第1期。

7．李淑清、王先鹏：《2018年主要发达资本主义国家工人罢工的新特点》，《世界社会主义研究》2019年第10期。

8．李玉峰：《"新帝国主义论"研究综述》，《毛泽东邓小平理论研究》2005年第5期。

9．卢江：《当代资本主义陷入了系统性危机》，《红旗文稿》2017年第14期。

10．栾文莲：《当今国际金融危机是当代帝国主义经济体系性、总体性危机》，《世界社会主义研究》2017年第1期。

11．糜海波：《新帝国主义的国际资本主义阶段分析》，《马克思主义研究》2016年第8期。

12．牛田盛：《晚期帝国主义：资本主义世界秩序的历史终点》，《世界社会主义研究》2020年第6期。

13．宋朝龙：《新帝国主义的危机与新社会主义的使命》，《探索》2020年第4期。

14．宋鲁郑：《从〈资本主义十讲〉看西方学者对当代资本主义的反思与批判》,《红旗文稿》2017 年第 14 期。

15．孙璇:《新科技革命视域下当代资本主义技术调整的形势、逻辑与风险》,《世界社会主义研究》2019 年第 7 期。

16．魏南枝:《资本主义世界体系的内爆——萨米尔·阿明谈当代全球化垄断资本主义的不可持续性》,《红旗文稿》2013 年第 11 期。

17．吴茜:《现代金融垄断资本主义的危机及其制度转型》,《马克思主义研究》2020 年第 6 期。

18．邢文增:《西方左翼学者论帝国主义的新特征》,《湖北经济学院学报》2018 年第 1 期。

19．徐伟轩、吴海江:《恩格斯晚年对资本主义变化的认识及其时代意义》,《马克思主义研究》2020 年第 4 期。

20．杨守明:《金融危机以来国外共产党对当代帝国主义的分析和批判》,《当代世界与社会主义》2019 年第 3 期。

21．余斌:《新帝国主义是帝国主义的最后阶段》,《世界社会主义研究》2021 年第 4 期。

22．袁立国:《数字资本主义批判:历史唯物主义走向当代》,《社会科学》2018 年第 11 期。

23．月异:《从经济全球化看当代资本主义的本质和趋势》,《求是》2000 年第 7 期。

24．[英]约翰娜·蒙哥马利:《全球金融体系、金融化和当代资本主义》,车艳秋、房广顺译,《国外理论动态》2012 年第 2 期。

25．张超颖:《列宁帝国主义论对金融资本垄断的批判及其当代价值》,《世界社会主义研究》2021 年第 4 期。

26．张文木:《美国帝国主义是资本主义的没落阶段》(一)(二)

（三），《世界社会主义研究》2021 年第 4、5、6 期。

27．祝得彬:《美国金融资本主义的形成、现状与困局》,《世界社会主义研究》2019 年第 7 期。

附　一

运用马克思主义立场、观点和方法，科学认识世界金融危机的本质和原因[*]

——重读《资本论》和《帝国主义论》

　　2007 年 8 月，美国次贷危机突然爆发，导致美国陷入自 20 世纪 30 年代大萧条以来最为严重的金融危机。继而美国金融风暴席卷全球，全世界正面临自 20 世纪 30 年代"大萧条"以来最严重的金融危机。这场全球性的金融危机已经引发了不同程度的世界性经济社会危机，目前还没有见底，今后发展会出现什么样的情况还需要进一步观察。

　　当前，摆在我们面前的一项重要任务就是重读《资本论》和《帝国主义论》，运用马克思主义立场、观点和方法，科学揭示这场危机的深刻本质和根本成因，提出根本性的有效规避和防范措施，建立制度保障和长效机制，保证中国特色社会主义健康稳定发展。

---

　　[*]　原载《世界社会主义研究动态》2009 年第 5、6 期，摘要发表于《光明日报》2009 年 5 月 12 日，《学习与参阅》2009 年第 9 期转载。

一、必须联系资本主义制度本质，认清金融危机的实质和原因

关于美国次贷危机引发的全球性金融危机及经济危机产生的原因，对我国造成的影响和解救的措施，发表的见解已经很多了，其中不乏真知灼见。有的认为，美国居民消费严重超过居民收入，无节制的负债、无管制的市场、无限制的衍生金融工具、无限制的投机、无限制的高额利润和高收入是爆发金融危机的重要原因。有的认为，美国的消费模式、金融监管政策、金融机构的运作方式，美国和世界的经济结构等因素，是金融危机的基本成因。有的认为，房地产泡沫是金融危机的源头祸水，金融衍生品过多掩盖了巨大风险，金融监管机制滞后造成"金融创新"犹如脱缰之马，是金融危机爆发的真正原因。也有的认为，金融危机是某些金融大亨道德缺损所致。还有的认为，金融危机本质上是美国新自由主义市场经济治理思想和运行模式的严重危机。当然也有从资本主义弊病，从资本的逐利本性和金融资本的贪婪性来分析金融危机的成因，在一定程度上涉及资本主义根本制度问题。但是总的来看，目前形成的最普遍的解释许多还停留在现象层面非本质层面上，即技术操作层面、治理理念和运行模式及管理体制层面上，如什么超前过度消费、房地产泡沫、金融衍生品泛滥、金融创新过度、金融监管不严、新自由主义思想作祟等。运用马克思主义的立场、观点和方法，从本质上，从制度层面科学揭示危机的产生原因，预测危机的发展趋势，提出防范解救的措施，尚远远不够。

然而，在危机爆发时刻，世界各国共产党人纷纷以马克思主义为

指导,分析形势,揭露危机的本质和根源,制定危机条件下的各国共产党人的行动纲领,展示共产党人的看法和力量。根据中国社会科学院马克思主义研究院于海青博士提供的资料①表明:欧美一些资本主义国家的共产党人对于危机的成因、根源与实质的分析,更深入到资本主义的本质制度原因,很值得我们深思。

对于这场"前所未有""有史以来最严重"的危机,资本主义政府大多将其归咎为"金融市场上的投机活动失控""不良竞争"或"借贷过度",并希望通过政府救市,"规范"资本主义现行体制、机制,以达到解决危机、恢复繁荣的目的。而与之大相径庭的是,欧美一些资本主义国家的共产党人既看到了监管缺位、金融政策不当、金融发展失衡等酿成这场危机的直接原因,又反对将这场金融危机简单归结为金融生态出了问题,他们普遍认为危机的产生有其深刻的制度根源,危机标志着新自由主义的破产,是资本主义固有矛盾发展的必然结果。

法国共产党认为,世界经济危机源于金融机构过度的贪欲。这场金融危机归根结底是资本主义制度的危机。它不是从天而降的,不是资本主义的一次"失控",而是资本主义的制度缺陷和唯利是图的本质造成的不可避免的结果。冲击全球的危机并非仅仅限于金融或经济领域,它同时也揭示了政治上的危机、资本主义生产方式的危机。从深层看,金融危机本质上是一场制度危机。美国共产党认为,金融化是新自由主义资本积累和治理模式的产物,它旨在恢复美国资本主义的发展势头及其在国内和国际事务中的主导地位。同时,它也是美国资本主义的弱点和矛盾发展的结果,使美国和世界经济

---

① 参见于海青:《欧美发达国家共产党论当前金融危机》,《世界社会主义研究动态》2008 年第 50 期。

陷入新的断层。德国共产党认为，这场金融危机具有全球性影响，它使得全球经济陷入衰退，并越来越影响到实体经济部门。危机产生的原因不是银行家的失误，也不是国家对银行监管失控。前者只是利用了这一体系本身的漏洞，造成投机行为的泛滥。投机一直是资本主义经济的构成要素。但在新的垄断资本主义发展阶段，它已经成为一个决定性因素，渗入经济政治生活的方方面面。英国共产党认为，不能把当前经济和金融危机主要归结为"次贷"危机的结果。强调根本在于为了服务于大企业及其市场体系的利益，包括公共部门在内的英国几乎所有的经济部门都被置于金融资本的控制之下。葡萄牙共产党认为，不应该把这场危机仅仅解释为"次贷"泡沫的破灭，当前的危机也是世界经济愈益金融化、大资本投机行为的结果。这场危机表明"非干预主义国家""市场之看不见的手""可调节的市场"等新自由主义教条是错误的。资本主义再次展示了它的本性及其固有的深刻矛盾。资本主义体系非但没有解决人类社会面临的问题，反而使不平等、非正义和贫困进一步恶化。希腊共产党认为，危机现象是资本主义不可避免的经济命运，任何管理性政策都不可能解决其固有的腐朽性。金融危机再次表明资本主义不可能避免周期性危机的爆发，也再次证明了社会主义替代资本主义的必然性。

看来，仅仅局限于从金融和金融危机现象本身来看待这场危机，不联系私有制条件下商品和商品交换的二重性内在矛盾，不联系金融资本逐利本性，不联系资本主义制度本质，难以回答像美国这样所谓"完美"的市场制度为什么没有能防止金融危机的爆发，难以看清危机的实质和深层原因，难以认清资本主义制度是造成危机的根本原因。

对于我国这样实行市场经济的社会主义制度国家来说，如果不更深一步地从根本制度上认识这场危机的成因、本质，就无法从根本上找到规避、防范、克服危机的办法和措施。不看到本质，不在根本病根上下药，治标难治本，很难建立防范危机于未然的制度性、长效性的规避防范体系。因而认清这场危机的本质，对于建立社会主义市场经济体系的我国，如何建立规避、防范、克服危机的制度保障和长效机制，无疑有着深远的现实意义。

二、商品内在二重性矛盾潜伏危机产生的 可能性，资本主义私人占有制度使危机 爆发成为必然现实

认识危机的成因和本质，应该学会运用马克思揭示资本主义不可克服的内在矛盾及其历史必然灭亡趋势的科学方法，从资本主义经济最基本的细胞——商品的二重性内在矛盾入手开始分析。

马克思从商品入手分析资本主义，是有科学道理的。商品是市场经济中最基本的细胞，商品是市场经济中最普遍的存在，商品交换是市场经济中最基本的关系。商品和商品交换所内含的内在矛盾体现并蕴含了市场经济和市场经济占主导地位的社会形态的基本矛盾。认识市场经济和市场经济占主导地位的社会矛盾和社会特性，就要从商品和商品交换的内在矛盾和本质关系入手。中国人民创立了中国特色的社会主义市场经济，市场经济在人类历史上第一次实现了与公有制结合起来的形式，即社会主义市场经济。而在此之前，市场经济只与私有制相结合。商品与商品交换是伴随着社会分工与私有制的产生而逐渐发展起来的，资本主义市场经济是私有制条件下商品生产发展到一定程度的产物。因为商品与商品交换发展起来

而成为占主导的经济形态,形成全球化的市场体系,属于资本家私人占有制为制度特征的资本主义市场经济。

在充分发展的资本主义市场经济中,商品是资本主义社会中最常见、最普遍的现象,是资本主义生产中最普遍的存在,是资本主义经济最单纯、最基本的因素,是资本主义的经济细胞,商品交换是资本主义社会中最基本的经济关系。在商品这个最细小的经济细胞中,体现着资本主义私有制生产关系,包含着资本主义一切矛盾的萌芽和一切危机产生的根源。研究资本主义社会矛盾和发展趋势,应从分析私有制条件下商品和商品交换入手,这就好比分析一个人,只要验一滴血,就可以知道人身体的基本状况一样。马克思是从分析资本主义一切矛盾胚芽的载体——商品入手,揭示出整个资本主义的内在矛盾及其激化和危机,从而最终揭示资本主义的发展规律和必然灭亡趋势。

马克思首先揭示了一般商品的二重性内在矛盾,认为商品是使用价值和价值的统一体,使用价值和价值既统一又矛盾,统一是指二者互相依赖、互为条件,矛盾是指二者互相排斥、互相背离,甚至互相对立。使用价值和价值的矛盾是由生产商品的劳动二重性即具体劳动和抽象劳动的矛盾所决定的。商品的使用价值是由具体劳动决定的,然而要把商品放到市场上交换,就必须让生产商品使用价值的具体劳动转变为可以比较的抽象的一般劳动,这就是体现在商品中的一般人类劳动的凝结。这种一般劳动可以抽象为定量化的社会必要劳动时间,商品价值就是由商品生产者的这种抽象劳动凝结而成的。

商品既然具有使用价值和价值两重属性,它就必然有两重形态,即使用价值形态和价值形态。使用价值形态就是一个一个的具体商品,价值形态则表现为商品交换的一般等价物。

　　商品交换开始是直接交换,买与卖是统一的,交换是在同一时间同一地点完成。随着商品经济的发展,商品交换发展为商品流通,买与卖不同时进行,买与卖在时间和空间上分离了。在同一时空,同一商品,一些人卖而不买,一些人买而不卖,商品的使用价值和价值愈益分离。商品的价值形态由一般等价物表现,比如黄金,逐步发展成为货币,比如金币;货币又逐步发展为纸币,比如美元;最后发展成为无形的虚拟货币,比如证券、银行信用卡。随着商品经济的发展,货币不仅作为流通手段,而且具有了贮藏手段、支付手段功能,货币不在买卖中出现,可以延期支付。货币慢慢演变成观念形态的东西,离现实的商品交换越来越远。商品交换价值愈来愈独立存在,使用价值与价值的分离表现为货币的独立,又进一步表现为纸币的独立,即某种货币符号的独立。这种分离,使得纸币可以滥印发行,证券可以独立运行,逐渐演变成虚拟市场、虚拟经济(建立在虚拟价值符号基础上)。货币成为商品流通的重要手段,已经包含了发生经济危机的可能性;货币成为货币流通的手段,使危机更具可能性。在商品流通中,货币与商品分离了。在货币流通中,纸币、符号与一般等价物,与货币代表的价值分离了。货币流通与商品流通在时间上和空间上也分离了,这就进一步加重了危机的可能性。

　　马克思具体分析了资本主义私有制条件下商品的内在二重性矛盾的不可克服性。在私有制条件下,具体劳动和抽象劳动这对矛盾表现为私人劳动和社会劳动的矛盾,构成了商品生产的基本矛盾。由于商品生产是私人生产,商品是私有的,这就会使价值与使用价值、商品与货币、具体劳动和抽象劳动的分离和对立具有不可调和的对抗性质,造成周期性的经济危机的恶性循环。商品所内含的劳动二重性矛盾决定了价值和使用价值的二重性矛盾的进一步演变,表现为商品与货币的对立形式,进一步表现为实体经济与虚拟经济的对立形式。私有制使商品的内在二重性矛盾,在一定条件下,越来越激化,越来越背离,具有深刻的对抗性和不可克服性。在资本主义长达几百年的历史中,货币越来越背离商品,虚拟经济越来越背离实体经济,这就构成了金融泡沫、金融危机乃至全面经济危机的内在成因。

在资本主义私有制条件下,货币转化为资本家手中的资本。任何一个资本家,在开始他的剥削行为时,必须掌握一定的货币。要把货币转化为资本,货币持有者必须在市场上能够买到自由劳动者的劳动力,劳动力与生产资料结合便产生增值的价值,资本流通所带来的增值部分,就是资本家剥削工人的剩余价值。资本实质上是能够带来剩余价值的价值。资本主义生产的唯一动机和直接目的,就是攫取更多的剩余价值,资本家是人格化的资本。资本有二重性,一方面追求利润的最大化,具有逐利性和贪婪性;另一方面又推动了经济发展,对生产具有强有力的拉动性。

资本在资本主义生产过程中,形成了三种资本形态:货币资本、生产资本和商品资本。它们是一致的,同时也是不断分离和矛盾对立的。货币资本随着发展,逐渐独立,形成借贷资本、银行资本、股份资本和信用制度,形成借贷资本市场,有了股票、公司债券、国家公债、不动产抵押债券等有价债券,为所有者带来一定的定期收入,给人们一种钱能生出钱的错觉。在货币流通过程中形成赊购赊销,形成错综复杂的债务连锁关系。随着纸币化、证券化和信用制度的发展,逐步形成了虚拟资本和虚拟市场。虚拟资本同实际资本分离,而且虚拟资本的质和量也是背离的,也就是说虚拟资本的数量和实际资本的数量也是背离的。据专家统计,近年来美国虚拟经济资本的虚假财富高达 400 万亿美元,大大超过了美国实体经济资本的 30 多倍。随着资本的发展、垄断资本的形成、金融资本和金融寡头的产生,"它再生产出了一种新的金融贵族,一种新的寄生虫,——发起人、创业人和徒有其名的董事;并在创立公司、发行股票和进行股票交易方面再生产出了一整套投机和欺诈活动"①。资本主义私有制是形成金融危机的深层制度原因,金融资本的独立性、逐利性和贪婪性是形成金融危机的直接原因。

资本主义进入大机器工业时期,从 19 世纪开始,每隔若干年就要经历一次经济危机,严重的经济危机导致全面的社会危机。经济危机是私有制条件下商品内在二重性矛盾不可克服的外部表现。

资本主义危机产生的根本原因在于私有制,一方面生产力发展到高度社会化,资本也高度社会化,而另一方面生产资料和成果愈来愈为一小撮垄断寡头所有,这种生产的社会性同生产资料私有性的资本主义基本矛盾,使商品经济内含的危机可能性转变成危机必然性。由此看来,经济危机是资本主义经济制度本身所造成的,是资本主义生产方式内在矛盾的产物。要消灭危机,就必须消灭资本主义制度。商品经济内在二重性矛盾只构成产生危机的可能,而资本主义私有制使危机的产生成为现实。

三、美国金融危机是资本主义制度性危机,最终是无法克服的,市场经济与社会主义制度相结合,使防范规避危机成为可能

美国"次贷危机"不可遏制地蔓延为全球性危机,向世界再次证

----

① 《马克思恩格斯全集》第 25 卷,人民出版社 1974 年版,第 496 页。

明马克思关于资本主义周期性经济危机和资本主义生产方式必然灭亡理论的真理性。马克思认为,资本主义周期性经济危机不可避免,"危机最初不是在和直接消费有关的零售商业中暴露和爆发的,而是在批发商业和向它提供社会货币资本的银行中暴露和爆发的"①。只要不改变资本主义的私人占有制,商品的内在矛盾,资本主义内部固有的矛盾,就无法从根本上得到化解,其必然表现为周期性的世界性的经济危机。

资本主义危机具有周期性,每隔一段时间重复一次,是一种周期性出现的现象。1825 年,英国第一次爆发涉及全球范围的工业危机;1836 年,英国又发生了经济危机,波及美国。1847—1848 年,经济危机席卷英国、美国和欧洲大陆。然后,1857 年、1866 年、1873 年、1882 年、1890 年,每隔几年都要爆发一次世界性经济危机,以 1873 年危机最为深刻,大大加强了资本和生产的集中,促进垄断组织的形成和发展,向垄断资本主义过渡。

20 世纪初叶,1900—1903 年和 1907 年爆发了经济危机。资本主义世界又经历了 1920—1921 年、1929—1933 年和 1937—1938 年三次危机。1929—1933 年危机是最深刻、最严重的一次。这次危机持续四年之久,整个资本主义世界工业产量下降 44%,贸易总额下降 66%。1933 年失业人口达 3000 万人。

第二次世界大战后,资本主义总危机进一步加深。美国 1948年、1953 年、1957 年、1960 年、1969 年、1973 年、1980 年、1990 年和2007 年先后爆发九次经济危机。1957—1958 年、1973—1975 年、1980—1982 年、2007 年危机波及加拿大、日本和西欧主要国家,成为

---

① 《马克思恩格斯全集》第 25 卷,人民出版社 1974 年版,第 340 页。

战后第四次世界性危机。

周期性的经济危机,在资本主义发展过程中不断交替反复出现,形成了资本主义在危机—缓解—危机中颠簸起伏的发展历程,资本主义的一时繁荣,只不过是新的经济危机到来之前的预兆,资本主义会在周期性阵发的经济危机中逐步走向灭亡。在高涨时期,资产阶级大肆宣扬资本主义的"永久繁荣""千年王国",而等危机到来,"永久繁荣"神话又像肥皂泡一样破灭。经济危机是资本主义制度对抗性矛盾的定期爆发,清楚无误地表明资本主义生产方式的历史局限性,已然爆发的危机深刻暴露了资本主义对抗性矛盾还会进一步加深,有时还会更尖锐、更激化。

美国金融危机引发的全球性危机是当今时代进入 21 世纪以来具有重大历史意义的事件。它既是一场严重的金融危机,又是一场深度的经济危机、思想危机、社会危机和资本主义制度危机,是资本主义的全面危机。危机伴随社会的深刻变化。历史上,资本主义几次带有全球性的危机,都曾引起时代和世界格局的重大变化。从长期来看,美国金融危机的结局将使世界经济进入一个大调整、大动荡时期。这次危机具有颠覆性、全面性、深度性和长期性的负面效应,给世界经济社会发展带来重大和持续的长时间的破坏性影响。全球经济全面衰退的过程已经开始,世界局势乃至格局发生重大变化,世界发展进程和历史也发生重大转折。

第一,美国金融危机及其引发的波及全球的危机是资本主义的全面危机。这次发生的美国金融危机自金融领域爆发、集中于金融领域,对金融体系的破坏性最大,但又不限于金融领域,由金融领域向非金融领域蔓延、由虚拟经济向实体经济蔓延、由经济领域向社会领域蔓延,由技术操作层面,向理念、模式、体制层面,再向制度层面蔓延,这场危机渗透、影响到全球资本主义世界的各个领域、各个层面、各个方面。

第二,美国金融危机及其引发的波及全球的危机是资本主义的全球性危机。资本主义全球化,就是资本主义生产关系的全球化,资本主义全球化危机是资本主义危机的全球化。这次危机自美国爆发,但又迅速波及西方国家、发展中国家,乃至波及全球。这次危机是美国闯祸,全世界买单,一起遭殃,这就是全球化的负面效应。美国金融垄断资产阶级,是向全世界转嫁危机的好手,在这场危机中,它们向资本主义其他国家、向发展中国家、向一切国家转嫁危机,引起全球性的恐慌与危机。

第三,美国金融危机及其引发的波及全球的危机是资本主义的制度性危机。美国金融危机并不是美国专利,而是典型的资本主义性质的制度危机。社会生产力的高度全球化、社会化与美国国际金融高度垄断于华尔街一小撮金融寡头私有程度的矛盾是当代资本主义基本矛盾的表现,表现为世界创造财富之多并高度集中与贫富两极急剧分化不断加剧的矛盾。从根本上说,这场危机是资本主义制度不可克服的内在矛盾演变而成的,是其内在矛盾激化的外部表现,是其内在矛盾不可克服性的外部表现,是资本主义制度必然灭亡趋势的阶段性反映。这场危机告诉我们,资本主义基本矛盾不仅没有克服,而且以新的更尖锐的形式表现出来了。有人把美国金融危机归结为新自由主义治理理念和模式的失败,反证有管制的资本主义治理理念和模式的合理性。但是这种说法,也只是体制层面的说法,并没有涉及制度层面。实质上,无论自由主义,还是保守主义,都是治理资本主义市场经济的具体药方,只能缓解,而不能从根本上挽救资本主义的制度危机。这场危机再次证明资本主义内在矛盾决定了资本主义不可能从根本上战胜危机,只能暂时缓解危机。

第四,美国金融危机及其引发的波及全球的危机是资本主义的意识形态危机。这场危机使人们重新思考资本主义制度的弊病,重新审视资本主义意识形态的虚伪性和反科学性。这场危机表面看是新自由主义等资产阶级思潮的危机,实质却是资本主义核心价值观、普世价值观、人权观、民主观的意识形态危机。新自由主义就意识形态层面来说,实际上是代表超级垄断资产阶级利益的一种意识形态,完全适应超级金融垄断资产阶级操纵金融市场剥夺全世界的需要。在这场危机中,资本主义国家的有识者开始对新自由主义反思,同时对资本主义制度也开始有所反思。另一方面,由于社会主义中国改革成功,公有制市场经济试验成功,更加使顽固坚持资本主义制度的那些人加紧推行西方意识形态,加大对我国的西化、分化和私有化的力度。这恰恰又从反面说明资本主义意识形态的危机。

美国金融危机反证中国特色社会主义市场经济的成功。社会主义和资本主义的本质区别是生产资料占有方式的不同,社会主义市场经济与资本主义市场经济的本质区别也是生产资料占有方式的不同。资本主义生产资料私有制决定了商品经济二重矛盾引发的危机最终是不可救药的,而社会主义市场经济决定了商品二重性矛盾可能会产生危机,社会主义生产资料公有制决定了危机又是可以规避、可以防范的,一旦发生危机是可以治理、可以化解的。社会主义市场经济具有市场经济的特性,私有制条件下商品内在矛盾是不可改变的。在社会主义市场经济条件下,警惕性不高,防范措施不力,可能会演变出危机。要清醒认识资本特别是金融资本的逐利性,防止资本和金融资本的无序化、极端化。在公有制条件下,资本逐利性是可以调节和控制的,但私有制条件下,资本逐利性变成贪婪性,虽然暂时可以管制并缓解,但是最终是无法管制的。

四、资本主义与自由主义是两个层面的问题, 一个是制度层面、本质层面,一个是体制 层面、技术操作层面

波及全球的美国金融危机,使人们对新自由主义的市场经济治理理念和运行模式,进而对资本主义制度有了清醒的认识,对那些迷信自由主义、迷信资本主义的人,不啻是一剂良药。然而迷信新自由主义和迷信资本主义又是两个层面的问题。迷信新自由主义是对资本主义运用何种理念、采取何种模式治理市场经济的迷信,迷信资本主义的则是对根本制度的迷信。当然,这两个迷信又是一致的,对新自由主义的迷信实质上就是对资本主义制度的迷信,对资本主义制度的迷信又会影响对新自由主义的迷信。

资本主义与自由主义是两个层面的问题,既一致,又有区别。一个是制度层面、本质层面、根本性层面的问题;一个是体制层面、表现层面、技术操作层面的问题。

所谓新自由主义,秉承了亚当·斯密的自由竞争理论,以复兴古典自由主义理想、尽量减少政府对经济社会的干预为主要经济政策目标的思潮。这种新自由主义又被称之为市场原教旨主义或资本原教旨主义或"完全不干预主义"。新自由主义的代表理念体现为形成于 20 世纪 80 年代末 90 年代初的"华盛顿共识"。因其在 20 世纪 70 年代凯恩斯主义无法应付滞胀问题而兴起,在里根、撒切尔时代勃兴,因此,又称其为"里根主义"。新自由主义的特点,是高度崇拜资本主义自由市场力量,认为资本主义条件下的市场是高效率的,甚

至是万能的。经济运行中的所有问题，都可以由市场自行调节和解决。主张彻底的私有化，反对国有化，放松政府管制，主张进一步开放国际国内市场，实行贸易自由化、利率市场化，将各个国家的经济纳入由世界银行、国际货币基金组织和世界贸易组织主导的经济全球化体系当中。新自由主义极力鼓励以超级大国为主导的全球一体化，着力强调要推行以超级大国为主导的全球经济、政治、文化一体化，即全球资本主义化。新自由主义本质上是反对社会主义制度。

在西方有一帮新自由主义吹鼓手，认为新自由主义就是灵丹妙药，能够包治百病，认为"看不见的手"能够解决所有问题，而忽略了"看得见的手"，大力推崇自由市场经济治理理念和运作模式。就治理理念和模式来说，在市场经济活动中历来要讲"两手"，不能只讲"看不见的手"，不讲"看得见的手"。当然，调控到多少合适，这需要科学把握。市场经济不能只要市场不要计划，也不能只要计划不要市场。实践证明，在现有生产力条件下，只要计划不按市场规律办事是僵死的，只要市场不要计划调节也是不行的。放任"看不见的手"操控市场，必然放大市场经济的消极面，纵容资本的破坏性，使它逐利贪婪的本性无所顾忌，导致危机爆发。只有用"看得见的手"加以调控，才能祛害兴利，促进市场经济的健康发展。当然，"看得见的手"对市场的干预必须建立在对规律的把握上，不能随心所欲，任意而为。对市场的调控不能影响市场作用的发挥，否则将把市场管死。只讲自由发展，放任不管，是另一种违背规律的表现。从撒切尔、里根开始实行新自由主义政策，对有管制的资本主义治理模式和体制实施改良，到现今，美国金融危机引发的全球性危机的爆发，已然证明新自由主义并不灵光。

新自由主义一方面作为当代资本主义的主流意识形态，是金融垄断和国际垄断集团的核心理念和价值观念,必须坚决批判反对;另一方面又是如何治理资本主义市场经济的理念,按照这种理念形成的运行模式,是体制、技术操作层面上的问题。自由主义作为治理市场经济的理念和操作方法,对市场运作有一定的积极作用。如何管理社会主义市场经济,我们可以批判地借鉴新自由主义一些有价值的认识和做法。从这个意义上来说,新自由主义是技术操作层面、体制层面上的问题,而与资本主义这一根本制度有所区别。资本主义制度是本质、根本,同一制度可以运用不同的治理理念、不同的体制、不同的模式、不同的操作方法。制度决定体制,体制是服务制度的。但二者又可以分开,同一体制可以服务于不同的制度,同一制度又可以有不同的体制。资本主义在发展过程中,创造过不同的体制、模式,但始终没有改变其制度和本质。

一定的社会形态必定要有特定的经济、政治、文化等社会制度,一定的社会制度也必然具有一定的经济、政治、文化等社会体制。社会制度就是一定社会形态的主要内容和本质标志,是一定社会的经济、政治、法律、文化等制度的总称,包含政治制度、经济制度、文化制度、教育制度、法律制度等,是指社会的根本制度和基本制度。经济制度是属于经济基础领域的制度,政治、文化、教育、法律等方面的制度都是属于上层建筑领域的制度。一定社会制度的主要成分是该社会的经济制度和政治制度。社会经济制度是一定社会生产关系的总和,它构成了该社会的经济基础,其中最主要的是生产资料所有制,社会经济制度标志着该社会经济形态的基本性质。社会政治制度是"经济基础的上层建筑"①,主要是指政治的上层建筑,其核心问题是

① 《列宁选集》第2卷,人民出版社2012年版,第311页。

国家政权问题，也就是国体问题，即由谁掌权，对谁专政的问题，它标志着一个国家的基本性质。经济制度和政治制度从根本上标志着一个社会形态的基本性质和主要特征。社会主义的经济制度和政治制度是社会主义社会形态的根本标志。社会制度主要是指经济制度和政治制度。社会制度一旦确定就要保持相对稳定，以便造成一个相对安定的社会环境来发展生产。当然任何一个社会制度，其发展过程都有一个逐步完善的过程。只有当生产关系再也容纳不下生产力发展时，社会制度的变革才会到来。

所谓社会体制指的是在一定社会制度的基础上建立起来的生产关系、上层建筑的"具体的形式"，即社会制度在一定时期内的具体表现，社会体制又称"具体制度"。与一定的经济制度相一致的经济体制，是一定经济关系具体的结构和形式。与一定政治制度相适应的是政治体制，政治体制是指政治制度的具体结构和形式，即政体问题，也就是一个国家采取什么样的形式来实施国家权力的问题。社会主义的经济制度和政治制度确立之后，无产阶级政党和人民面临的主要任务是建立与社会主义制度相一致的，适合生产力发展的社会体制。

社会制度、体制之间构成一定的相互依赖、相互矛盾的辩证关系。制度与体制是对立统一、相辅相成的关系。制度决定体制。一定的社会制度决定一定的社会体制，社会体制的形成要受社会制度的制约。一定的社会制度决定一定的社会体制，构成一定的社会模式。相对制度来说，体制表现出一定的独立性和反作用力。好的体制可以延续制度，不好的体制可能让制度发挥不了作用。体制可以巩固制度，也可以破坏制度。在既定制度下，可以选择多种体制，可以随着形势的发展改变现有体制；同一种制度也可以有多种体制模

141

式并存;新的体制还可以吸收旧制度下的体制所具有的某些形式和功能。资本主义政治制度和经济制度同社会化生产之间本质上是对立的,这种对立性矛盾具体通过资本主义的政治体制和经济体制同社会化生产之间的矛盾表现出来,但是资本主义的社会体制同资本主义社会制度也有一定的背离,它在一定条件下也有促进资本主义生产发展的一方面。同样,社会主义根本制度是适应生产力发展的,但社会主义社会体制也可能同社会主义制度有一定的背离,它在一定条件下也可能阻碍社会主义生产力的发展。

资本主义从问世以来,已经有几百年的发展历程。经过了自由资本主义、垄断资本主义,当前进入了当代资本主义,替代个人垄断,出现国家垄断、国际垄断、国际金融垄断等垄断形式,这些垄断形式都是当代资本主义特征的表现。当然如何概括当代资本主义,说法不一。有人认为它还是处于列宁所概括的垄断资本主义阶段,有人认为它已经开始了一个新的阶段。

关于自由资本主义的特征,马克思、恩格斯作了深刻的剖析,同时又从自由竞争资本主义特征上升到对资本主义一般特征的认识,得出了资本主义必然灭亡的客观趋势的判断。马克思、恩格斯认为,自由资本主义制度的内在矛盾,是不可克服的,一次次的阵发危机,最终会引发革命,导致资本主义丧钟已然敲响。19世纪末20世纪初,随着资本主义生产的发展,自由竞争让位于垄断,垄断代替了竞争,占主导和支配地位,但并没有克服资本主义的固有矛盾,仍然没有使资本主义制度摆脱必然灭亡的历史结局。列宁运用马克思主义的方法,对垄断资本主义作了科学分析,提出了垄断并没有改变资本主义固有的内在矛盾,而是加剧了该矛盾的重要判断,作出了帝国主义是资本主义的最高阶段,是垄断的、腐朽的、垂死的资本主义的重要结论。尽管列宁对全球垄断资产阶级走向灭亡的时间估计短了,但对垄断资产阶级的总特征和总趋势的判断是正确的。列宁说:"过程的复杂性和事物本质的被掩盖可以推迟死亡,但不能逃避死亡。"①后来的发展完全证实了列宁观点的正确性。第一次世界大战和第二次世界大战的爆发,是资本主义内部矛盾激化的结果。战后资本主义基本矛盾进一步激化。社会主义的兴起,资本主义的内外交困、经济危机和社会危机的周期性爆发,当代资本主义的发展状况,深刻说明马克思、列宁的判断是正确的。从制度层面上来说,资本主义已从早期具有革命进步性的上升期,转入危机起伏期、相对缓和发展期,进入总体下降衰落期,其基本的趋势是必然要走向灭亡的。当然,必然走向灭亡不是说现在就灭亡。

历史的辩证法又是不以人们主观意志为转移的。第二次世界大战以后,正当社会主义上升,资本主义下降,人们充满社会主义胜利的喜悦之时,资本主义在发展困境中步入了改良和矛盾相对缓和的发展阶段。资本主义通过体制改良,加之高科技和全球化的发展,资本主义进入相对稳定的和平发展、高速发展时期。与此同时,社会主义各国由于在指导思想上犯了不少错误,在发展过程中选择计划经济体制,加之复杂的主客观原因,逐步放慢了发展速度,愈益陷入了发展困境。特别是到了 20 世纪八九十年代,苏东社会主义国家解体,社会主义处于发展的低潮期。有人把苏东解体看作是社会主义制度的失败,资本主义制度的胜利,认为资本主义制度是不可战胜的"千年王国",认为社会主义是不可能实现的空想。实际上,苏东解体并不意味社会主义制度的失败,只是说明苏东所采取的社会主义

---

① 《列宁全集》第54卷,人民出版社1990年版,第483页。

具体模式和所走的具体道路是存在弊端的。苏联解体、东欧剧变的根本原因是苏东执政党的主要领导背离了马克思列宁主义，放弃了科学社会主义道路。美国等资本主义国家的进一步发展，也不意味资本主义制度长命不死，而只是说明西方发达资本主义国家采取的资本主义改良政策和具体模式，缓解了资本主义的内在矛盾。从制度层面来说，相对于封建制度，资本主义制度是先进的、革命的。可一旦当它取代了封建制度之时，它就逐步转变成保守的制度。就资本主义历史发展趋势来说，它是必然要灭亡的，但不能说它马上就要灭亡。它为什么至今没有灭亡呢？一是从制度角度看，相对于资本主义的发展来说，它的现行制度还有容纳生产力发展的空间和余地；二是从体制角度看，资本主义现行体制还有许多优势，可以保障其制度继续存在，并促进生产力发展，延续资本主义生命力。这就是资本主义丧钟敲响了那么多年，还垂而不死的原因。

　　资本主义私有制是必然要灭亡的，但与私有制相适应的市场经济体制，是有优势的，资本主义是靠市场体制的优越性，在短短几百年时间里创造了人类社会几千年所无法比拟的发展奇迹。然而，市场经济是一把双刃剑，有积极的一面，也有消极的一面。在如何发挥市场经济作用，即在如何对待和治理市场经济，如何克服市场经济消极面问题上，资本主义在发展过程中形成两种治理理念：一种是对市场实行国家的有效管制，可以称之为有管制的市场经济理念，如凯恩斯主义或称之为保守主义；再一种是对市场经济完全放任，可以称之为完全放任的治理理念，即自由主义。这两种治理理念和在实践中形成两种不同的市场运行模式和体制，并在资本主义发展进程中交替出现，哪种理念和模式更有利于制度时，就采用，当它不利于其制度时，就抛弃。

在资本主义发展的自由竞争阶段,主要治理理念是自由主义,完全靠市场,实行无管制的自由市场政策。第二次世界大战之后,根据需要,资本主义实行了有管制的资本主义市场治理理念,如凯恩斯主义,加大了宏观调控力度,使资本主义渡过难关,有了一个回光返照的发展时期。当苏联垮台时,有人错误地把苏联解体归结于社会主义制度的垮台,归结于资本主义制度的胜利,归结为计划经济体制的失败。进而认为有管制的市场经济治理理念也不行,只有自由主义治理理念才行,以新自由主义的资本主义取代国家管制的资本主义,这就是里根主义、撒切尔主义出台的背景。自由主义思潮的本质是推崇资本主义制度,推崇完全私有化的市场经济体制。在这一点上,它与保守主义是一致的,都是以维护资本主义制度为其目的,只不过手段不同而已。当今发生的这场危机的直接原因来自于新自由主义的自由放任政策,但深层原因是资本主义制度的固有矛盾,不能把危机仅仅归结于技术与管理操作层面,应从制度问题上找深刻原因。这次危机说明自由主义治理理念和模式的破产,更说明资本主义制度的必然灭亡性。

与西方资本主义推崇自由主义、推崇资本主义制度的思潮相适应,国内也有人推崇自由主义,崇尚完全放任的市场经济治理理念和模式,崇尚完全私有化,主张放弃国家调控的市场经济。更有甚者认为社会主义制度与市场经济无法结合,主张实行彻底的资本主义制度。事实上自新自由主义推行以来,给人类带来了一波又一波的灾难。拉美一些国家本来发展平稳,20 世纪 90 年代以来实行新自由主义的"华盛顿共识",搞自由化、私有制,放松金融管制,造成了大倒退,出了大乱子,实际上新自由主义理念破产的效应在拉美诸国早已表现出来了。

五、应对金融风险，既要治标，更要治本，既要从操作层面、体制层面，更要从制度层面全面采取防范规避措施

马克思关于资本主义基本矛盾和制度本质的分析思路和基本观点，为我们解析这场美国金融危机及其引发的全球性危机，以及思考如何有效规避防范危机，提供了重要启示：

第一，要从私有制条件下商品及商品交换的内在矛盾出发，来认识资本主义制度不可克服的内在矛盾，进而认识这场危机的内在原因及其制度本质。资本主义制度不可克服的内在矛盾潜伏在商品和商品交换的内在矛盾中，资本主义生产资料的私人占有性决定了商品和商品交换的内在矛盾具有对抗性和不可克服性，这种内在矛盾的对抗性和不可克服性是资本主义周期性经济危机爆发的根本原因，造成资本主义制度由盛到衰、必然灭亡的趋势。科学解释这场危机的本质、原因，必须从制度层面上认识。这场危机是资本主义制度不可克服的内在矛盾演变的集中反映。美国资本主义不可克服的内在矛盾，是私有制商品生产内在矛盾的体现。美国金融危机说明资本主义是必然要灭亡的，但从现阶段来说，美国这次金融危机又是可以缓解的，可以渡过去的，但资本主义正是在一波又一波的金融危机和各种危机中走向灭亡的。

第二，要从制度层面上，从本质层面上，认识社会主义市场经济与资本主义市场经济的一致与差别，科学解析社会主义市场经济发生危机的可能性和有效规避防范风险的可行性。马克思对商品和商品交换内在矛盾，从而对市场经济内在矛盾的科学分析，适用于任何

形式的市场经济,无论是资本主义市场经济,还是社会主义市场经济,概莫能外。然而同样的市场经济与不同的生产资料占有方式,即与不同的社会制度相结合,具有不同的性质和特点,可能会产生不同的结果。资本主义市场经济的私有制本质决定了经济危机的最终不可避免性(当然一定条件下是可以缓解的),社会主义市场经济的公有制本质决定了经济危机的可规避性、可防范性。社会主义与资本主义的本质区别就是对生产资料的占有方式不同,社会主义市场经济与资本主义市场经济的本质区别就在于与市场经济结合的生产资料占有方式不同,这种占有方式的不同决定了社会主义制度与资本主义制度的本质不同,从而决定了社会主义市场经济与资本主义市场经济的本质不同。我国的社会主义市场经济是与公有制相联系的市场经济,它既有一般商品生产的特性,一般商品生产所具有的内在矛盾,因而它也有一般市场经济内在矛盾引发的金融危机和经济危机爆发的可能性。如果对发生危机的可能趋势不重视,不采取措施加以规避和防范,也会影响社会主义制度的兴衰存亡。但另一方面,它又具有与资本主义市场经济不同的本质特性,是与公有制相联系的,采取有效措施,是可以规避和防范一般商品经济的内在矛盾可能引发的金融危机和经济危机的。

第三,必须充分认识市场经济和资本的两面性,发挥社会主义制度的优越性,规避市场经济和资本的消极面。市场经济是有两面性的,积极的一面是能够最有效地配置资源,最大限度地调动积极性、推动经济的发展;消极的一面是极大加强资本的逐利性和贪婪性,促成两极分化,引发经济危机。在资本主义私有制条件下,市场经济一方面发挥其强大的推动经济发展的拉力作用,在资本主义几百年的发展历程中创造了巨大发展成就。但另一方面,资本主义的私人占有性又使市场经济的消极面不断膨胀,不断背离积极面,使商品和商品交换固有的内在矛盾不断激化,引发一波又一波的经济危机。市场经济所孕育出来的资本也具有与生俱来的两面性,一方面资本逐利性对调节市场、配置资源、调动积极性、推动经济发展具有积极作用;而另一方面,资本的逐利性又会导致经济失衡,两极分化,造成严重的危机,对经济社会发展产生消极破坏性。在资本主义私有制条件下,资本的贪婪本性是无法最终受到遏制的。马克思认为,在资本主义生产方式中,"生产剩余价值或赚钱,是这个生产方式的绝对规律"①。资本是带来剩余价值的价值,资本绝不会放弃对剩余价值的追求,其本性是逐利的。"一旦有适当的利润,资本就胆大起来。如果有 10% 的利润,它就保证到处被使用;有 20% 的利润,它就活跃起来;有 50% 的利润,它就铤而走险;为了 100% 的利润,它就敢践踏一切人间法律;有 300% 的利润,它就敢犯任何罪行,甚至冒着绞首的危险。"②在资本主义发展史上,资本的这种逐利贪婪本性暴露无遗。从原始积累,到殖民剥夺,再到战争掠夺,"资本来到世间,从头到脚,每个毛孔都滴着血和肮脏的东西"③。就当今世界发达资本主义各国来说,没有一个是靠民主制度发达起来的,都是靠剥削本国和他国工人阶级和劳动人民的剩余价值,用明火执仗的殖民剥夺和战争掠夺完成了原始积累,用劳动人民的汗水和鲜血筑起了资本主义的"繁荣国度"。当然,几百年过去了,资本明火执仗的剥削和掠夺方式已难以为继了,发展到国际金融垄断资本主义,改变了攫取剩余价值的方式,转换了剥削手法,借助金融创新,垄断金融市场,操控全球

① 《马克思恩格斯文集》第 5 卷,人民出版社 2009 年版,第 714 页。
② 《马克思恩格斯文集》第 5 卷,人民出版社 2009 年版,第 871 页。
③ 《马克思恩格斯文集》第 5 卷,人民出版社 2009 年版,第 871 页。

经济,把他国的财富通过金融创新转移到自己手中,通过金融诈骗掠夺维持自己的繁荣。美国就是利用金融手段这种圈钱、骗钱的游戏,确立了美元帝国。正是金融资本的投机贪婪性,造成了今天的金融危机。

社会主义制度和资本主义制度的一个本质区别就是对资本的占有方式不同。社会主义市场经济与资本主义市场经济一个本质区别就是对资本的占有方式不同。在资本主义条件下,高度集中的私有制在当前突出表现为国际性金融资本的高度垄断,加重了资本的贪婪性和毫无顾忌的投机运作,决定了资本的贪婪和逐利本性的不可遏制性与高效运行的速度。当然,一旦资本的贪婪性发展到危害资本主义制度本身的程度,资产阶级内部就会产生一定要控制这种贪婪性的理念和操作,否则资本主义制度就要被毁灭。这就产生了对市场和资本加以管制的治理理念和模式,这就是保守主义,即有管制的市场经济治理理念,如凯恩斯国家干涉主义。而一旦情况好转,又会产生对市场和资本放任自流的治理理念和模式,这就是自由主义。在资本主义发展史上,由于危机—缓解—危机的交替运行,就形成了是有管制的还是放任自流的两种市场经济治理理念的交替使用。特别是苏联解体后,西方一些人头脑发热,自视资本主义制度是千年不变的,自认为完全放任的自由市场体制是成功的。于是新自由主义应运而生。

第四,我国应对金融风险,既要治标,又要治本,既要从体制层面上防范,又要从制度层面上加强防范。世界各国救市的力度越来越大,但救市的效果并不明显,这说明救市措施只治标不治本,危机只能缓解而不能化解,说明治标同时必须治本的必要性。只注意体制层面上的防范,而忽视制度层面上的防范,是无法遏制世界经济衰退的趋势的。细节在一定条件下决定全局,只注意制度层面上的防范而不注意体制层面上的防范,也会因小失大。

要对资本主义的两面性有清醒的认识,既要看到它创造文明的某些先进性,体制机制的某些合理性,也要看到它的消极性、最终灭亡性。社会主义发展出现低潮,说明搞公有制是对的,但脱离本国实际,搞纯之又纯的公有制是不符合现阶段社会主义各国实际情况的;搞以公有制为主体的市场经济是走对路的,而搞纯而又纯的计划经济是不符合现阶段社会主义发展规律的;实行市场经济必须发挥社会主义制度的优势,实行有宏观调控的市场经济,而不是搞自由放任的市场经济治理模式。在社会主义发展进程中,实行公有制与市场经济相结合,才能让社会主义制度的优越性发挥出来。但搞社会主义市场经济,又不能完全放任市场,而要加强国家宏观调控,建立有宏观调控的市场经济。有宏观调控的市场经济,恰恰是社会主义公有制的制度优势所在。当然,对于资本主义体制层面、政策层面、治理理念层面的成功经验,我们也要借鉴。对待危机,我们的对策是既要解决制度层面上的问题,又要解决体制和操作层面上的问题。现在看来,我们对市场的控制弱化了,对危机的防范、规避和解救要从投入、体制、政策层面上解决,更要从制度层面上加以考虑。

总之,要从三个层面上实现对金融危机的规避和防范:一是制度层面,坚定不移地坚持社会主义的公有制为主体的经济制度和人民当家作主的政治制度,从制度层面防范和规避金融风险,对私营经济、市场经济、虚拟经济建立规范管理的根本措施。二是从体制层面上,坚定不移地建立健全完善的社会主义市场经济体制,以及与其相关的信用体制,从体制上加以防范。三是从对市场的调控管制层面上,建立有效的监管、调控、防范措施,特别是对金融业、垄断行业要建立有效的管制体系。目前，我国政府对危机的防范解救措施，从操作层面来看，做到了稳快有效，但还需要从制度层面、体制层面研究制定一些全面性的、战略性的、超前性的措施和办法。

附 二

从国际金融危机反观社会主义的
必然趋势和马克思主义的生命力[*]

19世纪中叶马克思、恩格斯创立科学社会主义至今，一个半世纪过去了，社会主义与资本主义两大力量生死博弈的风风雨雨，充分印证了马克思主义经典作家关于资本主义必然灭亡、社会主义必然胜利的历史发展大趋势的科学论断是颠扑不破的真理，雄辩地证明了马克思主义的旺盛生命力。

一、百年世界历史进程，雄辩
证明社会主义的必然性

辩证法告诉我们：任何事物的发展都不是直线上升式的发展，而是波浪式的前进、螺旋式的上升、曲折式的发展，社会历史发展也是如此。世界历史进程就是这一历史辩证法的铁定案例。社会主义运动正是遵循这一历史辩证法的逻辑在曲折中前进，虽有挫折与失败，

　　* 原载《世界社会主义研究动态》2010年4月12日，《国际金融危机与当代资本主义》，社会科学文献出版社2010年版。收入本书略作修改。

但总体上是循时前行的。

对社会历史规律的观察,历时越久、跨度越大,也就越看得明白,其判断也就越经得起实践检验。世界历史进入资本主义阶段,即伴随着工人阶级与资产阶级、社会主义与资本主义两个阶级、两种社会制度、两大历史前途的较量,其历史较量的线索、特点、规律与趋势,随着历史的发展、空间的变换、时间的推移,越发清晰,人们也看得越发清楚,其历史必然性越发显现。

进入 20 世纪以来,已百余年,世界历史发生四次重大转折,标志着社会主义在斗争中、在逆境中顽强地生长,这一历史进程尽管曲折,有高潮,也有低潮;有前进,也有倒退;有成功,也有失败。但在总体上印证了马克思主义关于社会主义必然胜利的历史发展总趋势的判断是完全正确的,同时也说明社会主义战胜资本主义的历史进程不会是一帆风顺的,也绝不可能在短时间内实现,必须经过一个相当长的历史时间,经过几十代甚至上百代人千辛万苦甚至抛头颅洒热血的献身奋斗才能到来。既要看到历史发展的总趋势,坚信社会主义是必然要取代资本主义的,这是一个不可抗拒的、也不可改变的历史趋势;同时又要看到,社会主义代替资本主义是一个漫长的历史进程,充满曲折,充满斗争,甚至有可能出现暂时的衰退与下降。既要反对社会主义"渺茫论",又要反对社会主义"速胜论"。

第一次世界性历史转折发生在 20 世纪初叶,其标志是 1917 年爆发的十月社会主义革命。19 世纪中叶,马克思主义经典作家创建科学社会主义,替代了空想社会主义,工人运动从此有了正确的指南,纳入了科学社会主义轨道,由此而开创了世界工人运动和社会主义运动的新篇章。进入 20 世纪初叶,科学社会主义理论指导的社会主义运动由轰轰烈烈的工人运动实践变成了社会主义制度实践。列宁成功地领导了十月社会主义革命,建立第一个社会主义制度国家,这是 20 世纪初叶最重大的世界性事件,从此开启了人类历史的新纪元,社会主义运动开始走向高潮。

第二次世界性历史转折发生在 20 世纪中叶,其标志是 1945 年第二次世界大战之后一系列国家社会主义革命成功,形成了一个社会主义阵营。矛盾激化引发危机,危机造成革命机遇。20 世纪初叶爆发的第一次世界大战、20 世纪中叶爆发的第二次世界大战,都是资本主义不可克服的内在矛盾激化的结果。第一次世界大战是自由竞争资本主义由于不可克服的内在矛盾而导致垄断,垄断代替竞争、垄断资本主义代替自由竞争资本主义,不仅没有克服自由竞争资本主义愈演愈烈的固有矛盾,反而进一步加剧了矛盾,不得不采取战争的办法来解决垄断资本主义的内在矛盾。早在自由竞争资本主义阶段,其固有矛盾不断激化,导致从 1825 年开始,每隔 10 年爆发一次经济危机,危机的累加进一步演变成 1873 年的资本主义空前激烈的世界性危机,这次总危机及之后不断叠加的危机,如 1900 年、1903 年、1907 年的经济危机,最终导致第一次世界大战的爆发。战争只能恶治危机、加重危机,第一次世界大战之后旋即爆发了 1929—1933 年资本主义世界性大危机,资本主义步入严重的衰退。面对这场空前的资本主义世界性大危机,世人惊呼"末日来临""资本主义已经走到尽头"。危机的结果又要依靠战争来解决问题。战争是缓解资本主义内在矛盾、转嫁危机的外部冲突解决方式,但不能从根本上克服资本主义内在矛盾。垄断资本主义的内在矛盾的激化演变导致第二次世界大战爆发。第二次世界大战仍然是在帝国主义国家之间的争斗中始发的。西方资本主义制度是无法遏制战争的,只有苏联靠社会主义制度的优越性动员全体人民、联合世界上一切反法西斯的力量,战胜德国法西斯,赢得了战争。两次世界大战,标志着资本主义逐步走向衰落,资本主义败象显见。危机与战争给革命带来前所未有的机遇,第一次世界大战期间,俄国率先从资本主义统治的薄弱环节突破,建立了社会主义制度。第二次世界大战前后,正是苏联及一系列社会主义国家崛起之时。一系列革命成功的国家,从东方崛起,建立了一系列社会主义国家,形成了社会主义阵营。相反,战后资本主义总危机进一步加深,美国 1948 年、1953 年、1957 年、1960 年、1969 年、1973 年⋯⋯连续爆发危机,并波及北美、日本和西欧主要国家,成为世界性危机。资本主义整体实力下降,受到重大打击。当然,在西欧资本主义国家衰落时期,优越的国际环境和国内条件,致使美国这一新兴的资本主义国家抓住了战争机遇迅速兴起,代替了老牌资本主义国家。第二次世界大战后的一段时间,资本主义发展处于低迷状态,而社会主义发展却处于上升状态,社会主义运动处于高潮。

从国际走势来看,20 世纪八九十年代至今的 20 余年中,世界历史又接连发生了两次重大的世界历史性转折。社会主义运动由高潮到低潮,然而中国特色社会主义却走出了低谷。资本主义由低潮进入高速发展时期,美国金融危机又使得现代资本主义发展面临严重危机,呈进一步衰退之势。

第三次世界性历史转折发生在 20 世纪末叶,其标志是 20 世纪 80 年代末 90 年代初的苏联解体、东欧剧变。这使世界形势发生了自第二次世界大战以来最为重大的变化与转折。第二次世界大战以后,是社会主义走上坡,资本主义走下坡。但世界进入 20 世纪下半叶,社会主义诸国却放慢了发展速度,甚至出现了停滞和负增长,导致社会主义诸国经济社会发展受挫。而现代资本主义吸取资本主义发展进程中的经验教训,同时也吸取社会主义国家发展的经验,推行资本主义改良,现代资本主义进入相对缓和发展时期。当然在资本主义相对缓和发展时期,危机也并没有中断,1980—1990年美国就多次爆发波及世界的危机。第三次转折表明,社会主义处于发展的低潮,现代资本主义处于相对缓和稳定的发展期。伴随着这个历史性转折,我国及国际上出现了一系列新情况、新问题,这对中国21世纪以来很长一段时间的社会主义发展进程产生着深远的影响。中国坚定不移地继续推进1978年开始的改革开放,成功地开辟了中国特色社会主义的发展道路。

第四次世界性历史转折发生在21世纪初叶,其标志是2008年爆发的世界性金融危机。这对世界发展格局和中国特色社会主义建设产生的影响仍无法估量。有句俗话"三十年河东,三十年河西",短短二三十年的时间,中国特色社会主义的成功使世界社会主义运动开始走出低潮。而美国金融危机却使美国以及其他西方发达资本主义国家陷入危机困境,资本主义的整体实力下降。二三十年前的世界性历史事件爆发是此消彼长,社会主义力量下降,资本主义力量上升;二三十年后的今天,又是此长彼消,社会主义力量上升,资本主义力量下降。金融危机的爆发使世界力量对比发生重大变化。

美国金融危机是资本主义制度性危机,具体的救市措施只能使危机得到暂时的缓解,但最终是无法克服的。美国金融危机引发的全球性危机既是一场严重的金融危机,又是一场深度的经济危机、思想危机、意识形态危机、社会危机和资本主义制度危机,是资本主义的全面危机。这场危机反证了中国特色社会主义道路的成功。社会主义市场经济与资本主义市场经济的本质区别是生产资料占有方式的不同。资本主义生产资料私有制决定了商品经济二重性矛盾引发的危机最终是无法避免的。社会主义市场经济决定了商品二重性矛盾可能会产生危机，而社会主义生产资料公有制又决定了危机是可以规避和防范的，一旦发生是可以治理和化解的。社会主义市场经济具有市场经济的特性，在社会主义制度条件下，商品内在矛盾是不可改变的，但可改变的只是它的不可克服性。市场经济与社会主义制度相结合，使中国特色社会主义规避和战胜世界性金融危机成为必然。

中国人民在中国共产党的正确领导下，成功地克服了金融危机带来的危害和消极影响，顶住了金融风暴的冲击，不仅实现了预定的稳定发展的目标，而且取得了显著成绩，这既要归功于党的正确领导和果断决策，更根本的是彰显了社会主义制度的优越性，这就越加证明了社会主义的生命力、中国特色社会主义的生命力。

二、中国特色社会主义道路的成功开创，使社会主义焕发了顽强的生命力

马克思主义经典作家创立了科学社会主义，开创了工人运动和社会主义运动的新格局。当时，他们把注意力和着眼点主要放在西方发达资本主义国家，根据当时的实际，曾设想社会主义革命将首先在生产力比较发达、工人阶级人数占多数的资本主义国家发生，至少是几个主要发达资本主义国家同时发生才能胜利。而后的实践发展却超出了他们的具体判断，新的实践促使科学社会主义创始人开始注意并研究东方国家走社会主义道路的不同情况。19 世纪末到 20 世纪初，当东方落后国家出现了社会主义革命的主客观条件时，马克思、恩格斯及时研究了东方社会主义革命的可能性问题，提出非资本

主义国家走社会主义道路的可能性问题。他们认为,东方非资本主义国家走向社会主义,在特定条件下,能够不通过资本主义制度的"卡夫丁峡谷",而吸收资本主义制度所创造的一切积极成果,实现社会形态的跨越式发展。他们认为,社会主义力量有可能抓住这一历史性的机遇,走出一条"非资本主义"的发展道路。他们的设想为非资本主义国家进行社会主义革命、走上社会主义道路提供了理论依据。

马克思、恩格斯关于社会主义革命在西方诸国同时胜利的结论,是建立在对社会历史一般发展规律的判断上。就一般发展规律来说,社会主义革命应当在资本主义生产力高度成熟,而资本主义生产关系再也不能容纳其生产力发展的条件下爆发,也就是说,走社会主义道路的国家,先要经过资本主义的成熟发展,然后经过社会主义革命,再进入社会主义。而现实是,社会主义革命的成功、社会主义制度的建立不是在西方发达资本主义国家,而是在资本主义尚不成熟,但具备一定历史条件的东方落后国家。马克思、恩格斯经过科学研究,分析了社会历史发展的特殊性,提出社会主义发展的非资本主义道路问题。俄国社会主义革命的成功,证明了马克思主义经典作家的设想是科学的。然而,继列宁之后,斯大林建立的社会主义制度的苏联模式,所走的社会主义建设的苏联道路,尽管取得了伟大的成就,却忽略了苏联相对于西方诸发达资本主义国家落后的生产力,忽略了市场经济的必经阶段,超越国情,逐渐形成了高度僵化、高度集中的经济政治体制,束缚了生产力的发展,束缚了人民积极性的发挥,束缚了社会主义制度优越性的发挥。一系列革命成功的社会主义国家在社会主义建设实践中,也在某种程度上忽略了更为落后的本国生产力实际,犯了照抄照搬别国模式的错误。在几十年的发展中,社会主义制度的优越性逐渐地被僵化的、不适当的经济政治体制所耗尽,再加之客观原因和主观错误,特别是苏共领导集团逐步背离了马克思列宁主义路线,致使社会主义诸国进入了发展低谷,苏联解体和东欧剧变就是这一历史演变结果。20世纪80年代末90年代初苏联解体、东欧剧变,既有资本主义西化、分化社会主义国家的外因,同时又有社会主义模式僵化、脱离本国实际、主观上犯错误的内因,根本原因是苏联党的领导人背叛了马克思列宁主义,放弃了科学社会主义道路。

社会主义革命成功之后,落后的国家到底怎样建设社会主义,必须从实践和理论上给予回答,中国特色社会主义道路的成功开创,破解了这一重大课题,走出了一条社会主义建设的成功道路。

按照马克思主义经典作家的"非资本主义"道路的理论设想,落后国家可以不经过资本主义充分发展而跳跃式地推进社会主义革命,建立社会主义制度。但是资本主义已历经的市场经济发展、生产力高度成熟的自然历史过程却是不可逾越的。中国共产党人总结了社会主义诸国家建设的成功经验和失败的教训,坚持四项基本原则,将社会主义制度与市场经济相结合,改革开放,建立与中国社会主义现阶段生产力状况相适应的、与发展市场经济相协调的经济—政治体制,解决了"在落后的国家,什么是社会主义,怎样建设社会主义"的问题,一切从实际出发,不照抄照搬别国模式,走自己的道路,成功地开创了中国特色社会主义建设道路。历史发展的现实辩证法再次证明了社会主义代替资本主义的必然性。

三、中国特色社会主义理论体系的创新，
给马克思主义注入了新鲜的内容

中国共产党人在中国特色社会主义伟大实践中创新了马克思主

义,赋予马克思主义以新的生命。

马克思主义是不是过时了,马克思主义是不是没有生命力了?不是,马克思主义是科学,是具有旺盛生命力的。马克思主义之所以永不枯竭,永远具有蓬勃的生命力,首先在于它的实践性。实践是理论的源泉,是理论正确与否的检验标准,是推动理论不断发展的动力。列宁把马克思主义同俄国革命实践相结合,找到了俄国革命的正确道路,创立了马克思主义的理论创新成果——列宁主义。毛泽东把马克思列宁主义同中国革命实践相结合,找到了中国革命的正确道路,创立了马列主义的理论创新成果——毛泽东思想。邓小平把马列主义、毛泽东思想同当代中国社会主义现代化建设实践相结合,找到了实现中国社会主义现代化的正确道路,创立了马列主义、毛泽东思想的理论创新成果——邓小平理论。我们党在改革开放实践中,又不断地推进理论创新,创立了"三个代表"重要思想和科学发展观等重大战略思想,与邓小平理论一同构成中国特色社会主义理论体系。马克思主义始终与不断发展的实践相结合,才永葆蓬勃的生机和活力。

马克思主义之所以是真理,在于其不会永远停止在同一个认识水平上,不断向更高的认识水平发展,这就是马克思主义的发展性。马克思主义必然随着实践的发展而发展。实践常新,理论也常新。任何时候,马克思主义都不能窒息自己的生命,成为静止不变的、僵化的、封闭的体系。马克思主义必须随着实践的发展而形成新的理论,产生新的思想。

马克思主义的生命力就在于创造性,没有创造性,就没有马克思主义。列宁分析了他所处的帝国主义和无产阶级革命时代特征,提出了在资本主义发展的帝国主义时代,经济政治发展更加不平衡,社会主义革命有可能在资本主义的薄弱环节发生，可以在一国首先取得胜利。列宁突破了马克思、恩格斯关于社会主义革命应当在数国同时取得胜利的具体结论，创新了马克思主义。

列宁主义只是回答了在俄国这样相对落后的国家如何进行社会主义革命。但是在东方，像中国这样的半殖民地半封建国家怎样进行革命、怎样建立社会主义制度，这是以毛泽东同志为代表的中国共产党人所要回答的课题。毛泽东同志带领中国共产党人开辟了不同于俄国革命的中国革命的正确道路，即农村包围城市的井冈山道路，创新了列宁主义。

社会主义革命完成以后，毛泽东同志对新的历史条件下如何建设社会主义，进行了艰辛的探索，虽然取得伟大的成果，但也走了一段弯路。在落后的中国，建设社会主义走什么样的道路才能成功，中国特色社会主义理论体系做了科学的回答，解决了在中国这样落后的国家夺取政权建立社会主义制度以后，如何建设社会主义，建设什么样的社会主义问题，这是马克思主义的又一次重大理论创新。

在中国，实现马克思主义的创造性，必须把马克思主义与中国实际和时代特征相结合，不断推进马克思主义中国化、时代化和大众化。马克思主义中国化，就是把马克思主义一般原理与中国实践相结合，运用马克思主义立场、观点和方法来说明和解决中国的实际问题，创造中国化的马克思主义。从哲学上来认识马克思主义中国化，其实质就是哲学的"一般性"与"特殊性"的辩证关系问题。既要肯定"一般性"，坚持马克思主义的普遍原理，又要肯定"特殊性"，坚持马克思主义的中国化。从哲学世界观方法论高度上、思想路线高度上解决好"一般性"与"特殊性"的辩证关系，是解决好马克思主义中国化的根本认识前提。马克思主义是一般原理，它必须与中国具体国情相结合,植根于中国本土,才富有生命活力。80多年来,中国共产党人创造性地把马克思主义揭示事物一般规律的世界观方法论和一般原理,与中国的"具体环境"和"特殊条件"相结合,不断应用于中国的"具体环境"和"特殊条件",使马克思主义发生内容和形态的改变,形成适应中国实际需要的、具有中国内容和表现形态的、对中国有实际指导意义的中国化的马克思主义。

"特殊条件"就是中国国情的特殊性。中国国情的"特殊性",首先是中国社会性质、社会状况的特殊性,同时中国国情的"特殊性",还有一个重要方面,就是中国的民族性问题。马克思主义是外来的先进文化,马克思主义中国化要求马克思主义一定要与中华民族优秀的思想文化相结合,与中华民族特殊的民族国家国情相结合。

"具体环境"是指中国发展的国际环境,即世情。中国离不开世界,中国的发展离不开世界的大趋势、大环境,国情离不开世情。马克思主义的"一般性",就是马克思主义适应世界发展大趋势和大规律的需要,科学概括和反映了世界发展一般规律和趋势的"普遍性"。实行马克思主义中国化,一定要使马克思主义的"普遍性"适应中国发展的国际环境、时代背景和世界发展趋势。正是从这个意义上来说,马克思主义中国化,同时就应当是马克思主义的时代化,要把握时代主题,回答时代问题,符合时代特征,适应时代潮流,应对时代挑战,吸收世界先进文明,走在时代的前列。

实现大众化、普及化是马克思主义中国化的一项重要使命。中国最大的实际就是人民大众的实际,中国最大的国情就是人民大众的民情,脱离人民大众的实际就是最大地脱离中国实际。所谓中国化,在某种意义上说,就是中国的大众化,就是让马克思主义与中国群众运动实践相结合。这种结合体现为两个方面:一方面,只有依靠人民大众的创造性实践,才能实现马克思主义中国化。另一方面,只有为人民大众所接受,中国化的马克思主义才能转变成巨大的物质力量。

马克思主义同中国实际相结合,实现中国化、时代化和大众化,产生两次历史性飞跃,形成了马克思主义中国化的两大理论成果。第一次飞跃的理论成果是被实践证明了的关于中国革命的正确的理论原则和经验总结,当然也包括关于中国社会主义建设道路探索的正确的理论成果,即毛泽东思想。第二次飞跃的理论成果是中国特色社会主义理论体系。中国特色社会主义理论体系在新的历史条件下回答了新的课题,开拓了马克思主义新境界。中国特色社会主义理论体系集中回答了中国特色社会主义这个主题。在回答该主题的历史进程中,在改革开放进程中,我们党始终面临并依次科学地回答了三个大问题——"什么是社会主义,怎样建设社会主义""建设一个什么样的党,怎样建设党""实现什么样的发展,怎样发展"。最后归结为回答一个总题目,"什么是马克思主义,怎样坚持和发展马克思主义",从而深化了对"三大规律",即社会主义建设规律、执政党执政规律、人类社会发展规律的认识,赋予马克思主义以崭新的内容。

附　三

关于世界性新冠肺炎疫情与国际时局[*]

每当国内外时局发生重大转折的关键时刻,我们党总是客观、冷静地研判时局的变化,科学、认真地把握时局变化的特点、规律和趋势,从而提出正确的理论路线、战略策略、方针政策和工作任务,引导斗争不断从胜利走向胜利。处在新冠肺炎疫情席卷全球与国际时局大变之势的当今,怎样认识国内外时局和疫情对时局的影响,是关系执政党的既定目标能否实现的重大问题。

一、疫情属外部自然灾害,制度是影响
制约社会发展的内部原因

2020 年春天暴发的新冠肺炎疫情犹如洪水猛兽,不分国别、民族、肤色、性别、年龄……横卷五大洲,肆虐全世界,吞噬生命,糟蹋财富,危害人类生存与社会安全。这原本是天灾,却和人祸紧紧连在一起。自从有了人类和人类社会,天灾人祸几乎成为孪生兄弟。所谓

---

　　* 原载《世界社会主义研究动态》2020 年第 73、74 期,《哲学研究》2020 年第 11 期。收入本书略作修改。

天灾,是自然灾害,如水灾、火灾、地震、海啸、瘟疫等。所谓人祸,是人类社会弊端及人类自身失误所造成的灾难,如剥削、压迫、战争、屠杀、动乱等。疫情可谓天灾,却与社会制度、执政者及其治理体系和治理能力紧密联系在一起。美国与中国是两个不同社会制度的典型国家,抗疫斗争中,截然不同的表现,彰显了两种不同社会制度,不同执政党及其治理体系和治理能力的质的差别。

　　疫情是自然因素,制度是社会因素。当然人与人类社会是自然的一部分,自然所具有的基本属性,比如物质性,自然和人类社会都具有。人类社会历史是自然历史过程,人类社会发展最终要遵从自然发展一般规律。自然与人类社会相对而言,自然又是社会的环境条件,社会自身的内在矛盾是社会发展的内部原因。从这个意义上来说,社会虽然受自然因素的制约和影响,最终要受自然规律支配,但决定社会历史发展变化的是其自身内部原因,社会生产力和生产关系,经济基础与上层建筑的基本矛盾决定了社会历史发展的趋势和动向。自然因素可能会对社会历史产生重大影响,但必须通过社会内部自身原因而发生作用。内因是变化的根据,外因是变化的条件。适当的温度可以使鸡蛋孵出小鸡,但适当的温度却不会使石头孵出小鸡。有人面对汹汹而来的新冠肺炎病毒怕得要命,谈虎色变而无所作为,听之任之或放任自流;有人面对不断加剧的美国对我国打击的力度和强度,怨这怨那,认为是自我宣传过度,太过于强硬,引起美国反弹,把美国的打压,归结于我们的政策甚至言论过激……面对疫情的巨大冲击和美国对我国持续重打的双重加压态势,有人怨天尤人,这除了缺乏勇气、胆略和定力之外,也缺乏对待疫情和美国打压双重叠加态势的马克思主义正确认识。疫情可以使时局发生变化,但时局变化的根本还是社会制度之争。

国际局势因疫情的大暴发,突显风起云涌、波诡云谲、变化多端、扑朔迷离,令人眼花缭乱,难以揣摩。然而以社会主义与资本主义两种社会制度的斗争为主线的国际时局本质却始终没有改变,万变不离其宗。疫情只是增添了国际时局的不确定性,增添了复杂的变数,增添了形形色色的迷惑人眼的表象,并没有从根本上改变世界局势发展变化的内在逻辑和总的趋势。这就好比是煮在热锅里上下翻滚的牛肉汤,增添了汤的佐料,只是改变了汤的颜色以及口味,牛肉汤的本色并无改变。我们观察今天的国际时局,既要看到疫情给国际时局带来的新变化,又要看到国际时局的本来面貌和实质,既不因突如其来的疫情而看不清大势,又不因看不到疫情带来的新变化而识不清变数。既要看清时局的本质和总趋势,又要认清疫情带来的变化,才能处变不惊,"乱云飞渡仍从容"①,从容地采取正确的应对之策。

二、科学判断不变之中大变的国际
时局,做到胸中自有雄兵百万

如何认识受疫情影响和制约的当下国际时局呢? 观察、分析、认清当前国际时局,看不到疫情给国际时局所带来的重大冲击,肯定是片面的,但要认清疫情渗透影响制约下的国际时局,就必须灵活掌握马克思在《资本论》中所运用的分析方法,即从具体到抽象,再从抽象到具体的方法。

马克思在《资本论》中彻底揭示资本主义内在矛盾及资本主义剥削的实质,科学指出资本主义必然灭亡的历史趋势,首先从资本主

---

① 中共中央文献研究室编:《毛泽东年谱(1949—1976)》第5卷,中央文献出版社2013年版,第18页。

义活生生的经济现实中抽取最基本的细胞——商品,从资本主义商品二重性矛盾的抽象分析入手,进入到劳动二重性矛盾的抽象分析,从而揭示出资本主义社会不可克服的基本矛盾及其运行规律的全部秘密。这就是从具体到抽象,再从抽象到具体的分析方法。也就是说,认识事物必须从具体开始,但分析事物,认识事物本质,必须进行抽象分析。人类认识事物总是从具体事物开始,进入抽象分析,然后找出事物一般规律,再用一般规律的概括去认识具体事物,这是人类的一般认识逻辑。也就是说,从具体的、活生生的疫情搅局的社会现实中抽取出世界局势的本质、逻辑、趋势,即抽去疫情给当今社会带来的表面现象,找出世界局势的本质、逻辑和趋势,然后再从国际局势的本质、逻辑、趋势的一般规律,去认识疫情所带来的时局变化。

(一)如何理解我们当前所面临的国际时局

最重要的是深刻理解习近平总书记的两句话,这两句话极端重要。第一句话,"尽管我们所处的时代同马克思所处的时代相比发生了巨大而深刻的变化,但从世界社会主义 500 年的大视野来看,我们仍然处在马克思主义所指明的历史时代"[1]。这句话告诉我们,马克思主义经典作家所判定的"大的历史时代"没有改变。第二句话,"当前中国处于近代以来最好的发展时期,世界处于百年未有之大变局"[2]。这句话告诉我们,在"大的历史时代"没有变的前提下,我们正处于百年未有之大变局。习近平总书记这两句话深刻揭示了国际时局的辩证法。第一句话讲的是不变,第二句话讲的是大变,不变

---

① 《习近平谈治国理政》第二卷,外文出版社 2017 年版,第 66 页。
② 习近平:《论坚持推动构建人类命运共同体》,中央文献出版社 2018 年版,第539 页。

中有大变,大变中有不变。要学会善于用马克思主义的辩证思维来分析国际形势,从不变中看到大变,从大变中看到不变,才能真正认清今天国际时局的内在逻辑、发展趋势和变化主线。如果只看到了大变,没看到不变,就会错误地认为马克思主义经典作家所指明的历史时代根本改变了,就会产生认为马克思主义经典作家关于"大的历史时代"的性质、矛盾、战略、策略的判断不管用了,就会得出马克思主义"过时了"的错误结论,就会从根本上否定马克思主义的指导地位,看不清今天国际时局的主线、主流和本质;如果只看到了不变,没看到大变,就会陷入教条主义泥坑,无法说明和应对今天国际局势的大变,同样也会犯重大错误。

(二)如何理解国际时局"不变"的一面

1. 马克思所指明的历史时代没有改变

马克思指明的历史时代是什么呢? 马克思、恩格斯在《共产党宣言》中讲了一句话,"我们的时代,资产阶级时代"①。我们今天的历史时代仍然是资本主义的生产方式占主体的历史时代,资本主义的历史时代并没有结束。从资本主义确立一直到现在,就全世界来说,资本主义的生产方式仍然是占主体、起主导的,资本主义"大的历史时代"根本性质没有改变。时代这个概念,有广义和狭义两个用法。狭义的用法,比如我国进入中国特色社会主义新时代,是从中国特色社会主义发展角度所提出的用法。广义的用法,就是马克思所判定的"历史时代"的用法。马克思所判定的"历史时代"概念是指,运用唯物史观以生产方式作为判定标准所形成的马克思主义时

① 《马克思恩格斯选集》第 1 卷,人民出版社 2012 年版,第 401 页。

代观。马克思主义经典作家认为,以社会生产方式为标准来判断,人类历史发展经过了原始社会、奴隶社会、封建社会、资本主义社会生产方式,经过社会主义生产方式过渡,最后到达共产主义社会生产方式(社会主义生产方式是共产主义生产方式的第一阶段)。这五种社会生产方式,构成了人类历史的"五种社会形态",也就是"五个历史时代":原始社会、奴隶社会、封建社会、资本主义社会、共产主义社会历史时代,社会主义社会是共产主义社会第一阶段。"五个历史时代"的时代观也就是马克思主义唯物史观所讲的"五种社会形态"说,人类历史的一般规律都是经过五种社会形态或五个历史时代。当然,个别国家、地区、民族也会有特例,发生跨越式发展,但一般规律是客观的历史趋势,不能否定。否定了"五种社会形态"说或"五个历史时代"时代观,也就否定了唯物史观,否定了人类历史发展的事实。历史虚无主义错误之一,就是否定人类社会形态发展历史,不承认人类社会经过原始社会、奴隶社会、封建社会、资本主义社会,最后经过社会主义社会过渡到共产主义社会,从而否定人类历史经过阶级社会,存在阶级斗争,否定一种社会形态代替另一种社会形态的社会革命。关于"五种社会形态"或"五个历史时代"的观点,是马克思主义唯物史观最基本的原理之一。否定了"五种社会形态"发展一般规律,否定了马克思主义时代观,就会出现否定革命、"告别革命",抹黑"革命历史人物"的严重错误。历史虚无主义错误思潮泛滥的根子,就是否定历史唯物主义的"五种社会形态"演变一般规律理论,否定马克思主义时代观。"五种社会形态"发展的历史时代不讲了,根本的东西、基础的东西就被抽掉了。任何一个旧的历史时代被新的历史时代所替代都是一场社会革命。奴隶社会代替原始社会是一场革命,封建社会代替奴隶社会也是一场革命,资本主义社会代替封建社会,同样是一场革命。今天社会主义社会代替资本主义社会,要消灭剥削制度,最终消灭阶级,更是一场深刻的社会革命。历史虚无主义从根本上否定了唯物史观"五种社会形态"发展史,否定了唯物史观的时代观,就否定了历史上的一切社会革命。历史就变成了皇权更替史、王权更替史了。正如同毛泽东同志批评的那样,奴隶们创造历史的唯物史观,被英雄创造历史的唯心史观替代了,不是人民创造历史,而是少数人创造历史,这是根本问题。

我们今天所处的时代,正如习近平总书记所讲"仍然处在马克思主义所指明的历史时代",也就是资本主义生产方式占主导地位的时代。在这个历史时代,始终贯穿着两种社会制度的斗争,世界资本主义发展历史也正是世界社会主义发展历史,资本主义历史时代始终贯穿了工人阶级和资产阶级的斗争,贯穿着两种社会制度的斗争。所以习近平总书记讲,我们和美国这场斗争是"两种意识形态、两种社会制度的历史演进及其较量"[1],这就一下子揭示了中美关系的本质,这是我们认识中美关系的根本出发点。

2. 资本主义社会基本矛盾没有改变

资本主义社会基本矛盾是社会化的大生产与资本主义的私人占有制的矛盾,这对矛盾是不可调和的,越来越激烈,最终矛盾激化、白热化,导致资本主义灭亡。这就是马克思的《资本论》、列宁的《帝国主义论》深刻揭示资本主义的内在矛盾运动规律所得出的科学结论。马克思在《资本论》中指出,资本主义社会基本矛盾具体表现为资本主义各个企业内部生产的有组织与整个社会生产的无政府状态的矛盾,资本主义生产的无限扩大的趋势和劳动人民有支付能力的

---

① 中共中央宣传部编:《习近平新时代中国特色社会主义思想三十讲》,学习出版社 2018 年版,第 3 页。

需求相对缩小的矛盾,资本主义财富的无限积累和劳动人民的相对贫困的矛盾。这些矛盾的激化表现为周期性的经济危机,危机—缓解—再危机—再缓解……资本主义世界几乎是十年左右一次大的经济危机,一直到 2008 年的金融危机,这场疫情可能又会带来新一轮危机,资本主义的发展进程就是不断在危机中演变的历史,就是在周期性危机中一步一步走向灭亡的进程。美国疫情期间所发生的国内暴乱,就是马克思在《资本论》中所判定的资本主义基本矛盾没有改变的活生生的体现。资本主义社会基本矛盾在全球的现实生活中,表现为社会主义国家与资本主义国家之间的矛盾,资本主义国家之间的矛盾,垄断资本主义国家同广大新兴国家和发展中国家的矛盾,资本主义国家内部工人阶级及其广大人民群众与少数垄断资本统治集团的矛盾。世界上一切时局的变化,都是这些矛盾错综复杂的表现,与这些矛盾的变化密切关联,并由这些变化的矛盾所致。

3. 社会主义与资本主义两种制度的国际斗争主线没有改变

社会主义必然代替资本主义,资本主义必然拼命反对,这就产生了两种社会制度你死我活的斗争。有人说中国和美国的斗争是老大和老二的利益之争,老二强大了,老大要把老二打下去。有这样一个问题,但更根本的是制度之争。为什么美国历届总统从来都没有放弃颠覆社会主义中国? 是因为中国是社会主义国家,是共产党领导的国家,是人民的国家。不管美国总统是民主党人,还是共和党人,在"反华"这个问题上尽管在策略上有所不同,但在根本目的上是完全一致的,因为它们反对中国的社会主义制度,反对中国共产党的领导。社会主义制度代替资本主义制度是制度之争,也是人民的利益与资本的利益的根本利益之争,这是贯穿整个资产阶级历史时代的历史主线。按照矛盾辩证法的法则,在任一事物中都存在一对起主导作用的主要矛盾,它的存在、发展和变化决定其他矛盾,决定该事物存在、发展、变化的本质、规律和趋势,社会历史也不例外。资本主义社会形态的生产社会化与私人占有之间的基本矛盾,其一方面表现为工人阶级作为先进生产力的代表所要求的社会主义制度,代表了社会化的大生产,代表了新生的社会形态;另一方面则表现为资产阶级作为落后生产关系的代表所要求的资本主义制度,代表了落后的资本主义私有制,代表了落后的社会形态,这就是资本主义历史时代的矛盾主线,即体现为社会主义制度作为新的生产关系发展新的生产力与资本主义制度作为旧的生产关系阻碍生产力发展的斗争。这对主要矛盾可能在某个国家、某个地点、某个时间会有暂时的地位变化,但不可能改变其总的主导地位。比如,第二次世界大战世界反法西斯统一战线的形成,使世界社会主义与资本主义的主要矛盾暂时降为次要矛盾。

4. 资本主义强、社会主义弱的总格局没有改变

资本主义强、社会主义弱的总格局至今还没有改变。十月革命开创了人类历史的新纪元,标志社会主义社会形态第一次走上人类历史的舞台。何谓新纪元,就是指在资本主义社会形态发展的历程中,产生了新的社会主义的社会形态。也就是说,在资本主义的母体中,产生了新社会制度的新生儿。从哲学上来讲,母亲是旧事物,儿子是新事物。资本主义是旧事物,社会主义是新事物。任何新事物都是在旧事物之中孕育产生的,新生儿是在母体之中孕育产生的。新生儿出生后,因为太脆弱了,有可能夭折。1917 年第一个社会主义国家诞生,70 多年后失败了,社会主义阵营多数国家也失败了,这说明新生事物的生长并不是一帆风顺的。然而新生事物作为整体是不可战胜的,社会主义作为新生事物,会有夭折,但总体却是不可战胜的,是一定要取代旧事物的。占全球四分之一人口的中国特色社

会主义成功了，这是在新的历史条件下，开创了社会主义制度的又一个新的纪元，这是一件历史大事变。资本主义的美国和西方诸国怎么会甘心呢？必然拼死抵抗，痴心妄想企图改变历史发展的总趋势。中国特色社会主义强大了，但是在总的实力方面还是不如西方资本主义，这是客观事实，这也决定了社会主义与资本主义两种制度斗争的残酷性、艰巨性、长期性和反复性。

5. 社会主义进入上升期、资本主义进入衰落期的总趋势，社会主义战胜资本主义的总规律没有改变

资本主义已经一步一步从少年、到青年、到壮年，已经走过了最高的时期，现在开始衰落下来了。社会主义已经顽强地成长起来了，特别是中国特色社会主义，标志社会主义发展进入了上升期。历史发展总趋势就是新的东西一定战胜旧的东西，共产主义一定要实现，社会主义一定能胜利，不管出现多少曲折，不管各种各样的"特朗普"使尽招数来搞垮我们，只会增加我们前进中的困难，但永远不能改变历史的发展趋势，"螳臂当车，自不量力"。从杜鲁门、艾森豪威尔到特朗普、拜登，不论哪届美国总统，都是江山易改、本性难移，帝国主义的贪婪、侵略、战争本性丝毫没有改变。列宁的《帝国主义论》对帝国主义的垄断性、腐朽性（寄生性）、垂死性的本性揭示入木三分。毛泽东同志教导我们说，"'帝国主义是很凶恶的'，就是说它的本性是不能改变的"①。帝国主义本性不变，帝国主义亡我之心不死。毛泽东同志的这些政治结论是从把握历史大趋势而得出来的。毛泽东同志指出，帝国主义的逻辑就是捣乱、失败、再捣乱、再失败，直至灭亡。社会主义的逻辑就是斗争、失败、再斗争、再失败，直到胜利。我们只有清醒

---

① 《毛泽东选集》第 4 卷，人民出版社 1991 年版，第 1486 页。

地认识到总的历史必然和历史趋势,坚信"英特纳雄耐尔"一定要实现,充满社会主义必胜的信心,就不会被暂时的困难吓倒,也不会因对手暂时的强大凶狠而失去信心。

资本主义发展至今,总体上已进入衰退期,社会主义进入了上升期,这个判断是就历史发展总体规律而言的。但任何社会形态在演进过程中,不是总保持一种发展趋势,在一个历史阶段的总体发展进程中,会有特殊情况发生,在上升期也会有倒退、衰落,在下降期也会有前进、上升。比如,在资本主义发展的上升期,也不会总是上升,也有个别、部分、局部、暂时的衰退,在爆发经济危机时,资本主义就有可能在上升进程中出现倒退和衰败,但相对总体上升来说,这又是暂时、局部的。同理,在资本主义衰退期,也会有暂时、局部或个别的上升,甚至一时繁荣,但这不会持久,不过是回光返照。历史的辩证法同样适用于幼稚期和上升期的社会主义。这同人类个体在青春期也会生病,甚至会出现个体夭折的特例一样。社会主义进入上升期,资本主义进入下降期,只是讲总趋势和一般规律,并不排除个别、特殊情况,因此,即使在今天社会主义上升了,中国特色社会主义成功了,也不能忽视还会出现新的困难,面临新的困境。

(三)如何理解国际时局"大变"的一面

1. 科技创新日新月异,给人类生产和生活带来了颠覆性的变化,促使国际竞争异常激烈

邓小平同志指出,"科学技术是第一生产力"[①]。科技大发展,造成生产更加社会化。就拿手机来说,1G、2G、3G、4G、5G……,变化飞

_____

① 《邓小平文选》第三卷,人民出版社 1993 年版,第 274 页。

快。当前的 5G 将一定程度地改变人们的生产和生活方式。社会主义
如果不抓住科技创新就没有出路。和西方资本主义的竞争,无论是制
度竞争,还是军事竞争、政治竞争、经济竞争、意识形态竞争,都要拿科技
来说话。科技竞争,加剧了制度竞争,引起世界性竞争,造成世界局势瞬
息万变,不确定性因素很多。科技创新一方面促进了社会化大生产的发
展,另一方面社会化大生产同资本主义私人占有的矛盾也更为激化、尖
锐,科技创新不仅没有改变资本主义的基本矛盾,反而进一步加剧。

　　2. 全球化席卷世界,加剧了两种制度之争,世界格局更为复杂
多变

　　马克思在研究资本主义给世界带来的巨大变化时,提出了世界
化和世界历史理论的著名命题。马克思、恩格斯在《共产党宣言》中
指出:"资产阶级,由于开拓了世界市场,使一切国家的生产和消费
都成为世界性的了。"[1]肯定了资本主义在开拓世界性方面的历史贡
献,提出"世界性"的重要概念。同时,马克思、恩格斯在《共产党宣
言》中分析了世界性的两重性:一方面,促进了世界性的生产和生活
交往,使世界生产和消费发生巨大变化;另一方面,推动了资本主义
世界性的掠夺、压迫和剥削,促进了世界性两极分化。一方面发展了
资本主义生产、市场和消费方式;另一方面加剧了资本主义内在矛
盾,产生了埋葬资本主义的物质力量和取代资本主义新的社会因素。
1879—1882 年,晚年的马克思通过对东方社会变革的研究,又提出
了著名的世界历史理论,他指出,资本主义大工业和市场经济"首次
开创了世界历史,因为它使每个文明国家以及这些国家中的每一个
人的需要的满足都依赖于整个世界,因为它消灭了各国以往自然形

---

　　[1]　《马克思恩格斯选集》第 1 卷,人民出版社 2012 年版,第 404 页。

成的闭关自守的状态"①。世界已经连成一片,谁也离不开谁。马克思主义经典作家关于世界性和世界历史理论,已经预测到当今全球化发展趋势,全球化就是世界性和世界历史理论所指出的状况与趋势。现代资本主义高新技术产业、互联网、人工智能、现代金融业……使全球化进一步突飞猛进地狂扫全世界,如今全球再没有哪一个死角不属于世界性的了。一方面,全球化促进了世界生产和生活方式的变革和发展,另一方面进一步激化了资本主义固有矛盾,加重了两极分化,使矛盾更加激化。

全球化说到底就是资本主义世界市场化。全球化具有两重性:一方面促进了社会生产力的发展,造成更大广度和深度的生产社会化;一方面使资本财富更加集中在少数资本垄断寡头手里,加剧世界范围内资本主义基本矛盾的激化和两极分化。以中国特色社会主义为代表的社会主义国家与以美国为代表的垄断资本主义国家的矛盾激化,表现为中美全方位之争。垄断资本主义国家之间的矛盾也在激化,西欧诸国也好,日本也好,跟美国不全是一条心,德国总理默克尔所作所为就是例证。垄断资本主义与新兴国家和发展中国家的矛盾也在激化,美俄的矛盾,欧俄的矛盾,美国和一系列发展中国家的矛盾难以调和。贸易保护主义、保守主义、种族主义,甚至法西斯主义……各种反动的社会思潮沉渣泛起,国际斗争更为世界性、更为复杂化、更为尖锐、更为多变,我们将面对世界性的严峻挑战和考验。

3. 世界历史时代发生了重大的阶段性变化,资本主义历史时代进入了一个新的发展阶段

马克思所讲的资本主义历史时代没有改变,但是发生了巨大变

---

① 《马克思恩格斯选集》第 1 卷,人民出版社 2012 年版,第 194 页。

化,如果算上资本主义孕育阶段,至今已经经过了三个发展阶段,进入第四个发展阶段。现在的资本主义同 500 年前、400 年前、300 年前、200 年前、100 年前都大不一样了。资本主义的第一个发展阶段是资本主义孕育阶段,即资本主义的准备阶段。第二个发展阶段是资本主义确立阶段,即原始积累资本主义阶段。第三个发展阶段是资本主义成熟阶段,即自由竞争资本主义阶段,这就是《资本论》产生的年代。第四个发展阶段是垄断资本主义阶段,这就是列宁《帝国主义论》所分析的资本主义,即资本主义的最高阶段、最后阶段。但列宁所看到的垄断资本主义是私人垄断资本主义时期,第一次世界大战至第二次世界大战前后直至冷战结束,私人垄断发展到国家垄断,发展到国家垄断资本主义时期。今天已经发展到了国际金融垄断资本主义时期了,国家垄断为国际垄断所替代。当然,有的把当代资本主义这种新变化看作是资本主义的第五个发展阶段,这是可以讨论研究的。垄断从私人垄断,到国家垄断,现在发展到美国华尔街极少数金融寡头所控制的国际金融垄断资本利益集团的垄断,垄断资本主义阶段已经过了两个时期,进入第三时期,尽管垄断形式发生了很大变化,但仍然是垄断。也可以说,当代资本主义仍然是垄断资本主义,只不过经过了不同的发展时期,现在正处于第三个发展时期。列宁在《帝国主义论》中指出"资本主义已经发展到这样的程度,商品生产虽然依旧'占统治地位',依旧被看做全部经济的基础,但实际上已经被破坏了,大部分利润都被那些干金融勾当的'天才'拿去了。这种金融勾当和欺骗行为的基础是生产社会化,人类历尽艰辛所达到的生产社会化这一巨大进步,却造福于……投机者"①。列宁在

---

① 《列宁全集》第 27 卷,人民出版社 2017 年版,第 342 页。

分析资本主义由自由竞争走向垄断时已经指出,垄断越发向高度集中的、极少数金融寡头的控制垄断发展。可以说,现在已经发展到国际金融垄断资本主义时期了。尽管垄断的方式、形式发生了极大变化,但垄断的、寄生或腐朽的、垂死的资本主义特征没有改变,只不过是更为垄断,更为寄生或腐朽,更濒临垂死。当然,概括为国际金融垄断主义,也有不同意见,可以讨论。国际金融垄断资本主义还是帝国主义,只不过是更残忍、更阴险、更狠毒、更狡猾、更腐朽、更反动、更垂死的帝国主义,有人称之为新帝国主义,实际上是新型帝国主义。现在国际性金融垄断资本主义集中表现为美国一超独霸世界,支持它独霸世界的经济基础就是国际金融寡头垄断。今天的美国是靠"两美"撑"一美"。"两美"分别是美元、美军,"一美"是美霸,美元加美军支持美霸。现在美国国内连口罩生产都满足不了需要,它的实体产业大量外移,国内主要靠金融服务业,这也是国际金融垄断资本主义越发食利化、寄生化、腐朽化的重要表现。美国靠美元的垄断,不断地印美元,不断地剪全世界的羊毛。之前特朗普所谓的"救市"举措,无非是让美联储多印票子,没有"任何上限的量化",用金融语言来讲,就是不受任何限制地印发美元,大量地印票子,把金融风险转移到全世界。这叫作"美国消费,全世界买单,美国闯祸,全世界出钱"。印一批美元,剪一层羊毛,通过金融垄断,掠夺全世界的财富。美国通过大印美元掠夺世界财富,用其中相当部分扩军备战搞现代化军事,长期保持 11 个航母战斗群,谁不听美国指挥,就用军事手段打压谁。用"两美"来维持美国制度,维持美霸。可以说,美帝国主义是全世界人民的敌人,美帝国主义就是战争,就是掠夺,它是不会放弃与世界人民为敌的。

4. 世界力量对比发生了根本变化,越来越有利于社会主义

任何一种社会形态都经历由出生、兴盛、衰落到死亡阶段,资本

主义也不例外,现在不可避免地进入衰落阶段,这是不以任何一个资产阶级政治家的意志为转移的。社会主义由新生儿的初生脆弱阶段,已经进入以中国特色社会主义成功为重要体现的发展上升阶段。当然,也不完全排除出现受挫的可能。力量对比的变化,使热爱社会主义的人们看到希望,看到未来。特别是 2008 年的世界性金融危机和 2020 年暴发的新冠肺炎疫情,加速了资本主义衰落的进度。以美国为代表的西方当代资本主义还没有完全从 2008 年世界性金融危机的阴影中走出来,又陷入了疫情带来的经济、政治、社会困境,天灾加人祸造成美国之乱,使其固有的资本主义内在矛盾更加激化、更加白热化、更加尖锐化。美国之乱,西方之难,中国之治,中国特色社会主义之好,力量对比天平开始向社会主义一方倾斜。

5. 中美战略关系发生了根本变化,美国把中国作为主要战略对手的战略调整已经到位

以苏联解体、东欧剧变为转折点,美国从把苏联作为主要战略对手逐步转移到把中国作为主要战略对手。至今 30 年的调整,美国的战略修补已经完成。冷战结束前,美国把苏联作为第一战略对手,集中主要精力打压苏联,妄图实现搞垮苏联的战略意图。这才使得当年我们有可能争取美国总统尼克松访华,利用中美苏国际三角关系,打美国牌,改善中美关系,为我国争取和平发展的外部环境。20 世纪 80 年代末 90 年代初苏联解体、东欧剧变,冷战结束,国际关系根本逆转,两超变一超,两霸变一霸,两极变一极,反对单边主义、反对霸权主义成为世界主流。两个超级大国变成一个超级大国,美国大肆推行霸权主义、单边主义。一方面,美国继续打压俄罗斯,最大限度地压缩俄罗斯的战略空间,现在已把俄罗斯完全压逼到了乌克兰第聂伯河以东、白俄罗斯一线,以美国为首的西方势力已经基本形成

了对俄罗斯的战略合围之势。现在除了白俄罗斯与俄罗斯联盟,其他中东欧诸国都已经脱离了俄罗斯势力范围,俄罗斯已经丧失了中东欧的战略缓冲地带。美国从轰炸我国驻南斯拉夫使馆,到南海撞机事件,到支持"台独""藏独""疆独""港独"等敌对和分裂势力……它一直在作战略重点转移。从奥巴马"亚太战略"到特朗普"印太战略",现在已经完成了把中国作为主要战略对手的战略调整,中美敌对战略关系的转变已经形成。如果不是因为"9·11"事件,美国需要在反恐问题上与我国寻求暂时局部的合作,美对华战略转变可能会更快地完成。特朗普上台以来的一系列"反华"举动频频,特别是2020年7月22日美国宣布关闭我国驻休斯敦总领馆,7月23日美国国务卿蓬佩奥在具有世界影响的尼克松总统图书馆暨博物馆发表"共产主义中国与自由世界的未来"的"反华"演讲,已把美国视中国为主要战略对手,亡我之心不死的战略企图暴露得一览无余,真是"司马昭之心,路人皆知"。

6. 两种制度之斗从局部发展到全局越发激烈,以美为首的国内外敌对势力连成一气对我国形成总体打压战略态势

社会主义与资本主义的矛盾在激化,集中表现在中美关系上。从根本上说,中美关系(这里所说的是社会主义中国与资本主义美国的两种不同制度国家的关系)不可能最终和解,只能是谈谈打打,打打谈谈,美国是捣乱、失败、再捣乱、再失败……美国把境内外"港独""台独""藏独""疆独"、民族分裂势力和宗教极端势力全部连在一起,把香港问题与台湾问题、南海问题、西藏问题、新疆问题、西南边疆问题搅在一起,把"反修例"与蔡英文选举连在一起,把反"香港国安法"与联手西方敌对势力、整合国内外"反华"力量连在一起,把政治战、经济战、文化战、军事战、科技战、意识形态战、民族宗教战协

调起来,下连手棋,打组合拳、协调战,妄图实现对我国全面西化、分化、私有化和资本主义化。"奇文共欣赏,疑义相与析。"[1]2020 年 7 月 16 日美国司法部部长在密歇根州福特总统博物馆的"反华"演讲,把打压、围剿、颠覆、搞垮中国的美国最高战略意图暴露无遗,讲话内容并无新意,无非是特朗普上台以来美国"反华"战略的系统总结与梳理,但从中可以透视美国把中国作为主要战略对手加以打压的狼子野心。

三、疫情并没有改变国际时局的本质与趋势,但起到加速大变的历史加速器作用

世界历史进入资本主义历史时代,是一个漫长而曲折,充满血与火的生死博弈的历史进程。在这个历史进程的资产阶级革命运动阶段,一方面贯穿了新兴资产阶级与封建统治阶级的殊死搏斗;另一方面又贯穿了资产阶级对农民阶级和无产阶级的剥削和压迫,贯穿了剥削阶级与被剥削阶级的压迫与反压迫、剥削与反剥削的斗争。也就是说,在资产阶级形成发展壮大的过程中,同时孕育了它的对立面,无产阶级的形成和壮大,贯穿着资本主义与社会主义两种意识形态、两种力量、两种社会因素的反复较量。资本主义社会和世界上一切事物一样,同人类社会以往历史时代一样,都有一个孕育、产生、确立、发展、兴盛、衰落,直至灭亡的历史过程。从世界近代以来的历史来看,资本主义经历了孕育、成长、发展的革命上升阶段,到了发展高峰期,开始下降,逐步走向它的反面,驶入下降衰落阶段,直至走向

---

① 　(东晋)陶渊明著,吴泽顺编注:《陶渊明集》,岳麓书社 1996 年版,第 46 页。

灭亡。

一是资本主义的孕育阶段(14世纪到15世纪16世纪之交),也可以称作资本主义准备阶段。在欧洲和全世界普遍处于封建制度统治的历史时代,资本主义在封建社会母体中经过了二三百年的孕育阶段,即走向资本主义的准备阶段。资本主义生产方式的孕育出生是在封建社会母体内不断生长,最后破壳而出的过程。14世纪到15世纪,欧洲已经开始零星而稀疏地出现了资本主义生产方式的萌芽,资本主义率先在欧洲开始萌发。原始积累、舆论铺路、宗教斗争是资产阶级革命准备阶段的"三板斧"。原始积累是资产阶级资本积累的最初方式,是建立资本主义经济基础的最野蛮的经济掠夺,是资本主义经济实力的准备,是资产阶级的经济斗争;"凡是要推翻一个政权,总要先造成舆论,总要先搞意识形态方面的工作。无论革命也好,反革命也好"①。文艺复兴运动是资产阶级的舆论准备,是资产阶级的意识形态斗争;宗教是资产阶级政治斗争的工具,宗教斗争是资产阶级政治斗争,欧洲宗教改革拉开了资产阶级革命的序幕。经过14世纪新生的资产阶级对农民阶级土地的剥夺、15世纪的"地理大发现"和殖民掠夺,同时经过14世纪到15世纪资产阶级的文艺复兴运动和16世纪的宗教改革,资本主义在封建社会的母体中逐渐孕育形成。

二是资本主义的确立阶段(16世纪中期到18世纪中期),也可以称作原始积累资本主义阶段。人类历史上任何社会革命都经历了腥风血雨的反复争夺,没有一场社会革命是顺顺利利,一蹴而就的。16世纪中期,荷兰爆发了第一次资产阶级革命,史称"尼德兰革命",

---

① 中共中央文献研究室编:《毛泽东年谱(1949—1976)》第5卷,中央文献出版社2013年版,第153页。

意味着欧洲资产阶级已经带着夺取政权的要求,走上了政治舞台,大规模的资产阶级革命即将到来。1640 年爆发了英国资产阶级革命,到 1688 年资产阶级政变成功,经过半个世纪的反复争夺,到 17 世纪末,资产阶级终于确立了资产阶级专政的统治。17 世纪英国革命推翻了封建制度,确立了资本主义生产关系在英国的统治地位,为英国的 18 世纪工业革命提供了重要的政治前提。英国 17 世纪的资产阶级革命,是一种剥削制度代替另一种剥削制度的革命,是资本主义历史时代的开端,是人类社会由封建历史时代向资本主义历史时代转型的标志性历史事件。马克思把英国革命看作是"欧洲范围的革命",认为它"宣告了欧洲新社会的政治制度","意味着新社会制度的胜利,资产阶级的所有制对封建所有制的胜利"。[①] 从 17 世纪英国革命开始,到 18 世纪法国大革命,直至 1848 年欧洲革命,欧洲大陆资本主义生产方式和政治制度占据了统治地位。与此相一致,资本主义完成了原始积累,确立了资本主义制度。

三是资本主义的成熟阶段(18 世纪中期到 19 世纪末),也可以称作自由竞争资本主义阶段。经过 18 世纪英国工业革命,资本主义从手工工厂阶段完成向大机器工业生产阶段的过渡。19 世纪三四十年代,资产阶级在反封建斗争中获得了重大胜利。五六十年代北美资产阶级民族民主运动全面扫清了资本主义发展道路。俄国和日本分别经历了"农奴制改革"和"明治维新"以后,走上了资本主义发展道路。资本主义生产方式在世界上的统治地位得以巩固。中国 1911 年发生了辛亥革命,18 世纪末到 19 世纪初拉美殖民地爆发了独立解放战争,19 世纪中叶亚洲掀起了反对封建主义和殖民主义高

---

① 《马克思恩格斯选集》第 1 卷,人民出版社 2012 年版,第 442 页。

潮,非洲 19 世纪中叶以来展开了反殖民主义斗争。资产阶级革命向全世界蔓延,资本主义生产方式和政治制度向全球进军。经过 150 多年的资产阶级革命,资本主义从欧洲扩展到全世界,确立了资本主义生产方式和政治制度在全世界的统治,资本主义完成了进入世界历史时代的历史使命,处于自由竞争资本主义阶段。

四是资本主义的最高阶段(19 世纪 20 世纪之交至今),也可以称作进入垄断资本主义阶段,资本主义逐步发展至其最高最后阶段。总体上看,资本主义最高阶段,也就是资本主义的总体衰落最后阶段。资本主义的总体衰落是一个很长的历史进程,在这一历史进程中,资本主义总体呈现了下降衰落的历史趋势,但并没有不发展和不上升,在总体下降的过程中,也有上升、也有发展的。

垄断资本主义经过了私人垄断资本主义时期(19 世纪 20 世纪之交至 20 世纪 40 年代)、国家垄断资本主义时期(第二次世界大战后至 20 世纪八九十年代),现在正处在国际金融垄断资本主义时期(20 世纪末至今)。在整个垄断资本主义发展的三个时期,垄断资本主义总体衰落的发展进程中,虽然也有跳跃式的发展,但仍然没有跳出列宁所判断的垄断资本主义是资本主义的最高阶段,也是最后阶段的判断。

在 19 世纪最后 30 年,资本主义由自由竞争阶段开始向垄断阶段发展,到 19 世纪末 20 世纪初,资本主义进入了垄断阶段,也就是私人垄断时期,即帝国主义阶段,已经发展到了资本主义最高阶段。经过第一次世界大战、第二次世界大战,资本主义呈现衰退。第二次世界大战后,资本主义又通过改良,致使出现相对缓和的发展。从以美苏为首的两大阵营对峙冷战,到八九十年代社会主义苏联解体、东欧剧变,社会主义驶进低潮,当代资本主义进入了最高阶段的相对发展期。资本主义开始进入国家垄断资本主义时期。

列宁指出,"帝国主义,作为美洲和欧洲然后是亚洲的资本主义的最高阶段,截至 1898—1914 年这一时期已完全形成。美西战争(1898 年),英布战争(1899—1902 年),日俄战争(1904—1905 年)以及欧洲 1900 年的经济危机,——这就是世界历史新时代的主要历史里程碑"①。在这个阶段,一方面,资本主义有了更加迅速长足的发展,比 20 世纪资本主义的发展更为迅猛,科技创新带动了生产力的发展,资本主义大工业生产从"棉纺时代"依次进入了"钢铁时代""电器时代""信息时代""智能时代",社会化大农业生产方式已经形成,国际贸易、资本输出、金融垄断有了极大发展,整个世界全部卷入资本主义体系的旋涡,进入了资本主义全球化阶段。另一方面资本主义基本矛盾越来越激化,越来越尖锐,两次世界大战是资本主义基本矛盾白热化的最集中表现。

至 20 世纪末,资本主义开始进入了国际金融垄断资本主义时期。由于资本主义生产方式,从私人垄断、国家垄断,到国际垄断,从工业资本垄断到商业资本垄断,到金融资本垄断,资本主义私有制条件下生产资料和财富越来越集中到少数人手中和少数利益集团手中;高新技术发展和全球化带来更大规模的生产社会化与资本主义更加集中的私人占有的矛盾越发激化,表现为一系列危机与战争的爆发。经济危机 10 年左右一轮,越演越烈,规模越来越大,从没有间断过。第二次世界大战后局部战争也从未间断,表现为无产阶级与资产阶级矛盾,社会主义与资本主义斗争越发激化。20 世纪八九十年代社会主义阵营解体,社会主义跌入低谷,资本主义发展到了高

---

① 《列宁选集》第 2 卷,人民出版社 2012 年版,第 705 页。

峰,少数资本主义预言家的社会主义"终结论"和资本主义"千年王国"论就是其理论再现。然而进入20世纪末至21世纪初,社会主义因中国特色社会主义的成功而驶出低谷,资本主义再呈整体下降趋势。所谓"社会主义终结论"在历史事实面前破产。

在国际金融垄断资本主义时期,也是垄断资本主义经过私人垄断、国家垄断,发展到国际金融垄断,整体衰退下降迅速加快。国际金融垄断资本主义仍然是垄断资本主义,但它又表现出特别突出、明显、日益增强的衰落,我们也可以把它看作一个整体衰落阶段。2008年爆发的世界金融危机是人类进入21世纪的一件带有转折性的历史事变。以2007年爆发的美国次贷危机所引发的世界金融危机,乃至以经济危机为转折点,当代资本主义不可避免地跨进迅速下降衰退期,美国的衰落就是典型。

苏联解体、东欧剧变,社会主义阵营不复存在,美国一超独霸,大打"单边主义""霸权主义"牌,意味着资本主义发展到了其生命的壮年高峰期。发展至高至极,恰恰是开始衰落走向反面的起始,资本主义发展高峰的到来就是资本主义衰落的开始。苏联解体以来,独霸全球、控制全世界财富的欲望推动美国接连发动了一系列世界性的局部战争,消耗了它的力量,踏上了衰落下降的不归之路。不可一世的美国,从支持北约东扩,打压俄罗斯,到打着反恐旗号,接连发动海湾战争、阿富汗战争、南斯拉夫战争、利比亚战争、叙利亚战争……从美苏对立到美俄对仗、美朝对峙、美委对斗、美伊对打……美国虽然穷凶极恶,不可一世,但色厉内荏、力不从心。2008年世界经济危机对美国是重拳一击,2020年新冠肺炎疫情暴发,更是雪上加霜,加速其衰落的进程。与此形成鲜明对照,中国特色社会主义成功战胜了2008年的世界经济危机,在抗疫斗争中取得了阶段性胜利,彰显了社会主义制度的优越性,意味着社会主义从低谷驶出,向上向前发展,高歌猛进。

如果从资本主义萌生孕育开始算起迄今,资本主义已经走过六七百年的历史了,如果从它形成确立算起,也已经走过四五百年的历史了。回顾资本主义,从其孕育、出生、确立、成长、发展直至从顶峰开始下降的历史进程,观潮起潮落,可以得出以下几个结论性的判断。

一是资本主义及其代表性阶级——资产阶级在上升期曾是进步的、革命的。"资产阶级在历史上曾经起过非常革命的作用。"①资本主义社会代替封建社会,是人类社会生产方式的一次伟大革命,是人类历史的伟大进步。资本主义在形成发展进程中,以极大的创造力和极迅猛的速度,创造了超过封建社会几千年才能创造出来的经济政治文明,创造了强大的社会生产力和巨大的物质财富、精神财富和制度财富,对人类社会作出了重大的历史性贡献。资本主义在全世界夺取生产方式的统治地位,夺取政治统治权的进程中,经过了前赴后继、曲折反复的革命过程,显示出资产阶级的历史进步性和革命性,显示出资本主义社会相比封建社会的制度优越性。

二是资本主义及其统治阶级资产阶级步入衰落期,成为落后、反动的。当资产阶级建立并巩固了自己的政治经济统治,并作为统治阶级把资本主义经济政治制度推向了发展顶峰,主导了全世界,也就开始了资本主义及其统治阶级资产阶级的下降衰落,资产阶级堕落为落后的、反动的阶级,这是资本主义作为剥削社会其不可克服的内在矛盾运动所决定的,也是资产阶级的剥削阶级本性所决定的,是改

---

① 《马克思恩格斯选集》第 1 卷,人民出版社 2012 年版,第 402 页。

变不了的。

三是资本主义无论是在上升革命期还是在下降落后期,其剥削的本性都是一如既往不可改变的。马克思说:"资本来到世间,从头到脚,每个毛孔都滴着血和肮脏的东西。"①在封建社会母体中,资本主义一产生就暴露出嗜血的本性。新兴的资产阶级是靠剥夺农民阶级,剥削工人阶级,靠强盗般的殖民掠夺、屠杀,而完成资本主义原始积累的,不论是在上升期还是下降期,其本性都是不可改变的。尤其进入了下降衰落期,寄生、腐朽和垂死性更加强了其残酷、狡猾地压迫剥削世界人民的本性。当人民奋起反抗,建立新的社会制度时,它就会拼命地反对,甚至不惜血本,用战争和屠杀保证资本主义制度的存在,保障资产阶级政治稳固。

四是资本主义历史时代始终贯穿社会主义对资本主义、无产阶级对资产阶级的矛盾斗争。资本主义在其萌芽期就产生了社会主义思想和运动,资产阶级一出现就锻造了它的对立面和掘墓人——无产阶级。"资产阶级不仅锻造了置自身于死地的武器;它还产生了将要运用这种武器的人——现代的工人,即无产者。"②当资产阶级处于革命期,资本主义与封建主义、资产阶级与封建统治阶级是社会的主要矛盾,资产阶级与工人阶级、社会主义与资本主义的矛盾会暂时让位。当封建制度被消灭,资本主义社会替代了封建社会以后,无产阶级与资产阶级、社会主义与资本主义之间的矛盾就会上升为社会的主要矛盾。尽管如此,在资本主义从萌生、发展、衰落直至灭亡的整个历史进程中,始终贯穿着资产阶级和工人阶级两大社会力量,资本主义与社会主义两种社会制度的矛盾斗争,只不过经过了从非

---

① 《马克思恩格斯文集》第 5 卷,人民出版社 2009 年版,第 871 页。
② 《马克思恩格斯选集》第 1 卷,人民出版社 2012 年版,第 406 页。

主要矛盾到主要矛盾的转化。历史越前进,社会主义越发展,无产阶级越强大,资本主义越下降,资产阶级越落后退步,这种斗争就越激烈,这不是以人的意志为转移的。

综上所述,只是运用历史唯物主义的立场、观点和方法,把历史事实的大逻辑、大趋势、大变化抽取梳理出来,清晰地呈现出一条历史发展的必然逻辑,体现了历史的必然性。所谓历史必然性,就是说历史只能按照如此的逻辑发展,不以任何人的主观意志为转移。

马克思主义辩证法告诉我们,必然性和偶然性是反映事物发展过程中确定性和非确定性关系的一对范畴。必然性是事物发展过程中不可避免的,一定要如此的规律和趋势,这种确定不移性由事物内部的根本矛盾所决定。人们是不能通过自己的感官直接感受到必然性的,必然性是隐藏在事物表象内部的必然逻辑,是必然存在的、起决定性作用的,但不是活生生的具体东西,人们只能通过对表象的、活生生的东西进行抽象,通过理性才能认识到。偶然性是事物发展过程中不确定的因素和联系,可能出现,也可能不出现;可能此时出现,也可能彼时出现;可能这样出现,也可能那样出现。它虽然最终受事物内部矛盾所决定,但怎样出现是受外部条件和外部联系所直接决定的。它是活生生的、具体的,是人的感官所直接感受到的,比如糖是甜的,人通过味觉是可以感受到的,但为什么是甜的,则需要通过理性的抽象才能认识到。必然性与偶然性是事物发展过程中不可分割的两个方面,互为前提,辩证统一。必然性不直接表现出来,它寓于偶然性之中,必然性是通过无数的偶然性表现出来的,偶然性背后总是隐藏着必然性,最终受必然性的约束和支配,是必然性的表现和补充。这就好比一个人总归是要死亡的,但什么时候死,是早死

189

还是晚死,是病死还是老死,是正常死还是非正常死,受各种复杂的外部不可确定的因素影响,某个人的具体死法死期是偶然的,但人总是要死的,这又是必然的。社会形态也是如此,总有一个形成、发展、灭亡的过程,但何时形成、何时发展、何时灭亡,又受不同国家、地区、民族及其各种复杂的外部因素和关系所影响,有哪些历史人物登上历史舞台,哪些历史事件发生,甚至成为历史变数导火索又是偶然的,不确定的,是由各种外部条件和外部联系所造成的。譬如,墨西哥玛雅文明是非常灿烂、也是伟大的,但考古考证,它莫名其妙地中断了,无影无踪了,到底为什么突然消失了呢? 人们还没有找到原因,看来其灭亡是由某种偶然原因决定的,当然,玛雅文化所代表的社会形态随着历史的发展,肯定是要灭亡的,然而它为什么突然灭亡了是有具体偶然原因的。

历史的必然性总是通过偶然性体现出来的,历史必然性的外部偶然表现是大量的、不确定性的、偶发性的历史人物与历史事件。上文所梳理的资本主义发展线索,只是运用理性的抽象把偶然性的人物和事件过滤去、屏蔽去,只留下干巴巴的历史必然规律。历史唯物主义是对历史发展一般规律、一般逻辑、一般趋势的抽象理论概括。资本主义的发展历史总是由一个个活生生的人物活动、事件变故而构成的,每一个历史人物、每一个历史事件、每一项历史变故都具有一定的偶发性、不确定性,或者是这样,或者是那样。比如,美国如果没有特朗普,也会有其他人跳出来。总之,每一个历史人物、每一个历史事件、每一项历史变数背后总是隐藏着必然规律,这就好比木偶剧舞台上的木偶是受背后力量所支配的一样。

前文关于资本主义历史时代的四个发展阶段,四个必然逻辑的概括,是从资本主义孕育、确立、成熟、最高、衰落的发展进程来判定的,当然也可以按照其他标准来判定,国际金融垄断资本主义虽然也是垄断资本主义,但表现出不可遏制的整体衰落。关于资本主义孕育、确立、成熟、最高、衰落的发展进程的判定,是对资本主义历史规律必然性的理论抽象,这种抽象已经把活生生的历史变得干巴巴的、抽象的,却又体现了不可抗拒的历史发展规律,然而资本主义的历史发展又是活生生的、惊心动魄的甚至是戏剧性的,充斥了偶发性和不确定性。

从资本主义发展线索来看,17 世纪英国资产阶级革命与妥协反反复复的 50 年,18 世纪法国资产阶级大革命的复辟与反复辟的拉锯战,1848 年欧洲大陆资产阶级革命和封建阶级的拼死抵抗,俄、日、美 19 世纪的资本主义变革与反变革,第一次世界大战和第二次世界大战,美苏冷战争霸、苏联解体、美国独霸世界的复杂争斗,等等,多少历史人物,在历史舞台上拼命地表演,无数英雄豪杰上演了一波又一波人间活剧,发生了多少惊心动魄的历史事变……

从社会主义发展线索来看,圣西门、傅立叶、欧文的三大空想主义的风生水起和无产阶级的早期自发运动,再到马克思、恩格斯的《共产党宣言》和科学社会主义的诞生,风起云涌的 19 世纪欧洲三大工人运动、巴黎公社起义和国际共产主义运动,十月社会主义革命和苏维埃政权的建立,中国革命和东方殖民地半殖民地人民民主解放和民族独立运动,社会主义阵营出现和东西方对垒冷战,社会主义阵营解体,中华人民共和国成立到中国特色社会主义成功,又有多少历史人物和历史事件在世界舞台上展现。

资本主义和社会主义两大历史线索的演进,展示了新事物与旧事物,进步与落后,革命与反革命的拼搏历史,如果过滤去历史演义中具体的事件和人物,可以看出,这段历史进程是遵循着人类社会内部的必然发展规律而演变发展,展现了资本主义从新生走向衰落,从革命走向反动的进程;社会主义从弱小走向逐步发展,不断斗争、失败、再斗争的历史进程。总而言之,无数的历史偶然性背后总有一个必然的规律在起作用。任何历史人物、历史事件都无法违背这个规律,都受该规律的支配和制约,都是该规律的具体表现。

从苏联解体,社会主义落入低谷,美国独霸世界,资本主义发展到高峰,福山提出社会主义"终结论"的历史结论至今,世界发生了三大历史事件,在整个历史发展必然线索中起到了转折点的历史催化剂作用:一是苏联解体、东欧剧变,社会主义阵营解体;二是2008年的美国金融危机,演变成世界金融危机乃至资本主义制度危机;三是2020年暴发的新冠肺炎疫情。这三件大事件,前两件是资本主义基本矛盾演变的必然结果,当时不发生,早晚会发生。而第三件疫情,与人类社会发展的总矛盾、总规律、总趋势相纠结,与社会主义与资本主义的历史斗争主线相互影响。疫情本身是自然灾害,属天灾,但什么制度下发生的,什么利益集团、什么人物去看待、处置它,又是人的问题、社会问题,处理不妥,引发天灾加重,就变成人祸。疫情本身没有制度之分、意识形态之争,但疫情的对待和处置,又与人、与社会制度和治理体系相联系,是受人类社会总矛盾、总规律、总趋势支配制约的,今日之时局是由社会主义与资本主义两大社会阶级力量、两种社会制度、两大历史命运所决定的。疫情是影响历史总趋势的重要因素,为不同社会制度和不同国家执政者提供了表现的历史条件和机遇,抗击疫情因不同的社会制度、不同的国家执政者而呈现截然不同的表现。如何对待疫情,体现出认识处理疫情的不同态度和举措,体现了不同的制度,不同的世界观、价值观和生命观。

四、两种制度两样成效,社会主义制度是战胜疫情的正道

人类历史上每每发生的重大疫情,作为一种突发性的自然灾害,对人类社会造成了巨大伤害,可能会对人类历史进程造成某些制约和影响,但它并不是改变人类历史进程唯一的或决定性的因素,并不能根本改变人类历史进程。

据学者不完全统计:公元 2 世纪左右暴发的"安东尼瘟疫"对罗马帝国造成重大伤害;流行于公元 6 世纪的鼠疫,在 14 世纪发生了第二次大流行,19 世纪末发生了第三次大流行,20 世纪初达到了高峰,波及 60 多个国家,死亡逾千万人;14 世纪欧洲暴发的黑死病造成欧洲大批人口死亡;1580 年流感大流行,一夜之间罗马死亡 9000 人,马德里变为一座空城,意大利、西班牙增加了几十万座新坟,当时人们把这种流感称作"闪电般的瘟神";1658 年意大利威尼斯城流感导致 6 万人死亡,惊慌的人们认为这是来自上帝的惩罚,称疫病为"魔鬼";1818—1920 年,西班牙流感波及全球,死亡人数逾千万;1837 年欧洲暴发的大流感,在柏林造成的死亡人数超过出生人数;1889—1894 年流感席卷西欧,死亡率极高;天花、结核病、口蹄疫等疫病时有发生,严重危害人的生命;1957—1958 年亚洲流感 200 万人遭遇厄运;1968 年"香港流感"导致近百万人死亡;1976 年美国暴发猪流感;1977 年到 1978 年暴发"俄罗斯流感";1997 年暴发禽流感,至 2003 年全球有 400 多例禽流感病例;2003 年发生 SARS 疫情;2009 年墨西哥出现猪流感病毒;2009 年 H1N1 流感,造成 163 万人感染,28 万人死亡;2010 年暴发海地霍乱延续至今,截至 2017 年统

计,死亡人数达9985人;2013年西非埃博拉病毒导致11300人死亡;2015年印度猪流感暴发,死亡人数超过2000人;20世纪末美国艾滋病在全球流行,至今全球数千万人感染……全球暴发的大规模疫情严重残害人类的生命和财产,严重影响社会经济政治生活,人类社会付出了沉重的代价。

经过历史学家的考证研究,还没有发现因疫情彻底改变人类社会历史进程的例证。严重的疫情可能会给一个民族、一个地区、一个国家、一个社会带来毁灭性打击,甚至使一个民族毁灭、国家政权更迭,但疫情只会对人类历史总进程起到某种影响,也可能是重大的影响,但并不能中断历史总进程,造成社会形态演变总规律的改变。个别历史学家认为,公元2世纪左右的"安东尼瘟疫"对罗马帝国的政治文化产生重大影响,14世纪的欧洲黑死病影响了文艺复兴运动的进展。近代以来,特别是进入资本主义历史时代,历史上多次发生疫情,但并没对资本主义历史进程发生根本扭转的影响。随着现代医学科学和医疗技术的推进,人类战胜疫情的能力越来越强,人类和人类社会受疫情自然影响作用相对越来越小,疫情对社会历史进程的影响作用也比以往逐渐缩小。不能作出疫情起到根本改变人类历史进程,改变人类历史发展必然规律作用的判断。因为社会发生重大历史变故,必定还涉及其他诸多因素,比如经济、政治、文化和宗教等。

在古代,由于科学不发达,人们对疫情缺乏科学的认识,或者是从宗教角度来认知,把疫情看作是不可抗拒的自然威力,或者是从人性善恶的角度来解释,认为疫情是由于人的"邪恶"和"罪恶"所造成的,是对人的惩罚。当然值得我们认同的是对待疫情的现实主义和乐观主义的态度和做法,主张积极抗击疫情。疫情虽然对人类社会造成无法比拟的危害,但也使人类获得对疫情的新认知,不断发现对付疫情的新办法和新药,人类的生命观、价值观、世界观也会随着疫情的变化和抗疫的深入而发生变化。与疫情抗争,逐渐教会人们如何与自然界和动物和平相处,启发人类探究疫情原因,催生新型的医学学科,比如病毒学、细菌学、流行病学……建立和健全维护生命和维护健康的新的机制。疫情在人类历史上起什么作用,也越来越受到史学家、社会学家和人类学家的关注,拓展了哲学社会科学多学科的研究领域。

2020 年暴发的疫情,跨海越洋,波及全球,蔓延肆虐全世界,给全人类带来了巨大的伤害。各国人民生命受到严重摧残,世界人民财富蒙受惨重损失。世界经济陷入全面衰退,国际合作遭到强劲反弹,单边霸权越发疯狂,全球秩序被肆意践踏。世界各国不论何种制度的国家,都不同程度地面临疫情所带来的特级风险,"疫情"是大自然对人类的报复,病毒本身是无情的。"天若有情天亦老,人间正道是沧桑",病毒无国别、无制度之分,不分制度、不分国别、不分地区、不分民族、不分种族、不分肤色、不分阶级、不分阶层,谁不防范、不治疗,谁就受伤害。但如何对待疫情,抗疫效果如何?是对当今时代两种不同社会制度,不同执政者及其意识形态和价值观优劣,不同社会制度下治理体系和治理能力高低的检验。只有社会主义制度才是战胜疫情的正道。

资本主义制度在疫情面前交了一份十分糟糕的不合格答卷。资本主义国家越是资本高度垄断,越是富有发达,抗疫行为越是差强人意,糟糕透顶。西方主要资本主义国家抗疫的成绩单差之又差。美国可以说是当今世界最富有、实力最强、科技最先进、医疗资源最完备的资本主义超级大国,但感染人数全世界第一。一个世界经济总量第一,在全球拥有1000多个军事基地的超级大国,居然抗疫成绩如此糟糕透顶,让世界震惊和深思。

美国人民正生活在天灾人祸同时横行的"水深火热"之中。"屋漏偏逢连夜雨",疫情纯属天灾,但遇上人祸,祸不单行,美国更是人祸尽出,与天灾并行不悖。"苛政猛于虎也",反对美国白人警察跪杀黑人弗洛伊德的抗暴斗争,在美国50个州和一些西方国家燃起熊熊烈火,美国出动大批军队和警察,动用催泪弹、辣椒水、棍棒等各种抗暴器械,甚至实弹,运用逮捕、关押、判刑等手段进行威吓、阻挠和镇压。天灾人祸致使美国经济更是持续下滑,雪上加霜,失业率居高不下,两极分化越加严重。相关数据显示,美国最富有的0.1%家庭财富相当于最底层90%家庭的财富总和。然而正当国难临头,美国两党政客却为了私利大打出手,无所不用其极。为了选票和利润,为了股票和钞票,不顾人民死活,执意举行大型竞选活动,强行复工复产,不把精力放在抗疫上,而是绞尽脑汁击打对手,抹黑对手,相互攻讦,甩锅他人,各自为政,转嫁祸水。美国特不靠谱的总统特朗普更是独来独往,任意胡为,不抗疫不救灾,"甩锅"中国,甩锅对手,转移视线,在全世界到处出手嫁祸于人,甚至不惜退出世界卫生组织,想整谁就整谁。为了躲避美国民众的抗暴风潮,特朗普数次躲进美国白宫地下掩体,这在美国历史上极为罕见。

以美国为首的西方各国统治阶级对待疫情既暴露了制度上的弊端,又显现出治理体系和治理能力的问题。有的实行所谓"群体免疫",不防不治,任由疫情随意蔓延;有的对65岁以上的老人不予治疗,任其死亡;有的对穷人、有色人种实行区别对待……西方发达资本主义国家,医疗资源强大健全,但是私人的大医院掌握在资本家手里,收费很高,拒穷人于门外,防疫物资奇缺,就连医务人员的防疫设备都保证不了,病死率极高,出现"冷藏车拉尸体""挖大坑埋死人"的悲惨局面。另外,在资本主义私有制社会,极端个人主义价值观、极端民主化、自由化思潮泛滥,国人中毒甚深,人们受生计所迫,为个人主义价值观所支配,追求个人极端利益,只为自己打算,不关心社会和他人,社会一盘散沙,把居家隔离与戴口罩说成"限制自由""缺乏民主",大闹与疫情相反的自由行动,致使感染人数的自由上涨,死亡人数不断飙升。

社会主义制度在疫情面前却交了一份让人民满意的优秀答卷。与资本主义国家形成鲜明对比的是社会主义国家中国、朝鲜、越南、古巴和老挝。以中国为例,曾几何时,五省通衢的武汉引爆湖北,进而导致疫情波及全国,迅猛异常,危害中华。然而中国共产党领导人民面对突如其来的病毒,迅速地镇静下来,扎稳阵脚,众志成城,全力以赴,动员一切力量迎战疫情。仅仅数月就有效控制住疫情的蔓延,取得了战胜疫情的阶段性成绩。至今除了境外输入病例,中国大多数省市病例为零,即便个别省市出现了疫情反弹,如黑龙江、吉林、北京、辽宁、新疆等,也很快就控制住了。中国现在成为世界上最安全的唯一大国。在困境中,中国经济 2020 年第二季度转正,同比增长 3.2%,环比增长 11.5%,与 2020 年第一季度 GDP 同比增长-6.8%,环比增长-9.8%形成鲜明对比,中国经济"耀眼复苏"。中国抗疫阶段性成绩彰显了社会主义制度的优越性。

社会主义制度的国家虽然不是富裕国家,都是发展中国家,甚至有些国家还很贫穷,以及有的国家虽然实行了与世界资本主义市场经济体系相接轨的改革开放政策,但靠社会主义制度和执政党领导的优势和几十年来所积累的物质基础,面对疫情大考,纷纷给出了优秀答案。朝鲜、越南、古巴、老挝都做到了零死亡或死亡人数较低,感染力低于世界平均水平。

为什么世界人口众多,抗疫难度最大的中国及其他社会主义制度国家,能够取得如此的抗疫成绩单呢?

一是都以人民为中心,把人民生命安全放在第一位。不论老少,从初生婴儿到百岁老人、从重症患者到濒危病人,概不放弃,不惜动员一切医疗资源用于防患疫情,全力挽救人民生命。中国在疫情最关键时刻全部实行病毒感染患者免费治疗,动员一切医疗资源"应收尽收、应查尽查、应治尽治",不计成本保护人民生命安全。朝鲜、古巴,更是实行了全部免费治疗。

二是发挥社会主义优势,全国一盘棋,集中一切人力、财力、物力投入疫情。在中国武汉疫情最紧张的时候,党中央一声令下,4万多名医疗人员奔赴武汉,一方有难,八方支援。其他社会主义国家也是在党和政府的坚强领导下,最大限度地发挥制度优势,战胜疫情。

三是坚强有力的执政党的集中领导。社会主义国家党和政府集中力量站在抗疫第一线,领导人民夺取抗疫斗争的一波又一波胜利。

四是实现了空前的团结,人民守纪律和讲贡献。在党和政府领导下,社会主义国家全党全民共同行动,战胜疫情。

党的坚强领导,意识形态、价值观的强大,人民的高度团结和听从指挥、服从纪律,社会主义集中力量办大事优势……所有这一切都深刻体现了社会主义制度的强大生命力和优越性。

这场疫情对世界格局产生重大影响,使全世界亿万人民的生命与财产处在危险之中,谁来挽救人民的生命和财产,谁来拯救世界?大难当前,出路在哪里? 面对两种不同制度、不同意识形态和价值观,面对两种不同执政党的领导,孰优孰劣,全世界人民都在观察、都在思考,方向在哪里? 希望在哪里? 世卫组织总干事谭德塞在演讲中一语中的："在一个分裂的世界里，我们无法战胜这种流行病。"从社会主义制度和资本主义制度两种制度对待疫情的态度，处置措施和效果来看，可以说两个社会两重天，不同制度不同结果，挽救世界，拯救人类，唯一的出路是靠社会主义，靠马克思主义武装起来的人民政党，靠人民自觉自愿。

全世界抗疫斗争的现实，再次暴露出资本主义腐朽没落的社会制度越发走向下坡，弊病百出，千疮百孔。资本主义统治者们关心的是他们的钞票、股票和选票，既不真心地保护人民的生命安全，也不全意地组织对疫情实现有效阻击。人民已然看到在资本主义制度下无法继续很好地生存下去，新的社会制度代替旧的社会制度是历史的必然。而要改变这误人害人的制度，仅有客观形势需要，人民意愿和变革要求还不够，还需要人民普遍觉醒、奋起斗争。正像《国际歌》所倡导的，"从来就没有救世主，也不靠神仙皇帝，要创造人类的幸福，全靠我们自己"。

人类历史近代以来百年大变局就呈现在我们面前，世界必将发生翻天覆地的变化。中国人民在抗击疫情斗争中，深深体会到社会主义制度的优越性，中国共产党的英明正确。抗疫斗争既是和病毒作斗争，更根本的是与落后的社会制度作斗争。曾几何时，当苏东垮台，社会主义阵营解体，美国学者福山高调提出社会主义及其意识形态"终结论"，从那时到 2008 年爆发金融危机，再到这次疫情暴发，充分彰显了社会主义凭着制度优越性正在冉冉上升。中国人民从这场抗疫斗争中深刻体会到，社会主义制度好，中国共产党好，坚持中国特色社会主义制度，是中国人民的唯一希望、唯一选择和唯一出路，更加坚定道路自信、理论自信、制度自信和文化自信，坚决拥护中国共产党的领导，坚持完善社会主义制度，发挥社会主义制度力量，迎接资本主义制度的拼死挑战,不断提高党的执政能力,完善社会主义国家治理体系,提高治理能力。

疫情给百年未有之大变局增添了极大的不确定性,使国际时局充满了变数。疫情是时局大变的加油机、加速器,使大变加快、力度加大、变数益增,从宏观的、大局的、长远的、根本的战略角度来观察,疫情给国际时局带来怎样的重大影响? 使国际格局发生了怎样的变化? 应当怎样认识和应对?

第一,世界出现 21 世纪以来最严重的经济大萧条,人类社会面临最重大的困难和挑战。

全球失业率可能高达 30%,经济可能萎缩 20%。日本《选择》月刊 4 月号刊登文章称"由于新冠肺炎疫情在全世界蔓延,世界经济陷入程度远超 2008 年世界金融危机的新冠肺炎恐慌"。疫情全球化蔓延与经济下滑叠加,造成油价 2020 年一季度崩盘,引发油价暴跌和俄美沙特石油大战,加剧了世界经济政治紧张局势。2020 年 3 月以来,美国疫情恶化,再加之国内暴乱,进一步压迫资产泡沫破灭,半月之内,美国股市连续出现 4 次熔断,创下美国历史最糟糕纪录。美联储大幅降息,并注资上万亿美元,仍无济于事,一场特大金融经济风暴即将来临。美国经济学家肯尼斯·罗格夫认为,美国将"陷入极度衰退"。国际货币基金组织(IMF)警告,疫情使世界贸易经历自20 世纪 30 年代以来最剧烈的崩溃,将世界拖入"大萧条"以来最严重的衰退。

第二,世界资本主义整体实力不可遏制地全面加快下滑,美国垄断资本主义的霸主实力显见减退。

疫情使中美两国实力的天平更向中国倾斜,使中国超越美国的速度加快。受疫情影响,美国 2020 年第二季度国内生产总值

（GDP）按年率计算下滑32.9%,创20世纪40年代以来最大降幅,经济"跌入黑洞",美国衰落将是当今世界的一个最重要的特征。

第三,世界力量对比变化愈益朝着有利于人民的方向发展,世界出现新一轮的大调整、大改组、大重构的国际新格局。

国际货币基金组织资料显示,2019年中国GDP占比18.6%,美国占比15.2%,美国所占经济分量的下滑,必然导致其影响力、控制力的下降,美国正在渐渐丧失独霸世界的实力和能力,美国"独大"的单极格局正在走向结束,当然这个过程也许不会太短暂。反对单边主义、霸凌主义、逆全球化主义的重构国际新秩序的潮流更为不可阻挡。美国与西方发达资本主义世界四分五裂。中国实力变强,俄罗斯逐渐站稳脚跟,中俄美新的"大三角"形成,构成后疫情世界格局的重大特征。新冠肺炎疫情、国内失业及暴乱、两极分化使美国和西方诸国民众对资本主义越发失望,社会主义思想受到越来越多人的欢迎。美国最大的社会主义组织——民主社会主义者组织,疫情以来两个月,增加了15%的成员。

第四,资本主义和社会主义两种制度的斗争更加激烈,美国把中国当作主要战略对手全面遏制打压力度加大、频率加快。

进入21世纪以来,美国小布什政府即把我国定性为头号战略竞争对手,奥巴马政府对华防范遏制图谋日渐彰显,特朗普打着"美国优先"旗号疯狂地加大对我国打击。疫情以来,美国联合西方资本主义国家对我国动作频频,大打科技战,全面封杀华为,围猎 Tik Tok。2020年5月20日白宫发布了《美国对中华人民共和国战略方针》,剑指中国。美国出台了涉疆涉藏法案。之后美国总统特朗普还签署了旨在对我国"香港国安法"采取压制性惩罚的法案,签署了取消香港优惠待遇的行政命令,制裁中方人员。美支持"台独",对台军售,出台涉台法案。美舰多次闯入我国南海海域进行所谓"自由航行",双航母群屡进南海炫耀武力,不断实施高强度海空侦察,侵犯我国主权,寻衅挑战。2020 年 7 月 14 日,特朗普公开表态称对中美下阶段贸易谈判"没兴趣",关闭与中国第二阶段贸易谈判大门。美日澳南海军演企图遏制中国。2020 年 7 月 21 日,美国要求三天之内关闭休斯敦总领事馆。2020 年 8 月 9 日美国卫生部长访台,悍然宣告台为主权国家,对华打压持续升级。

第五,中国特色社会主义面临极大的压力,同时又遇到新的战略机遇。

压力、困难、挑战,同时就是机遇,必须抓住新的战略机遇,乘胜而上。我国与敌对势力的遏制与反遏制、颠覆与反颠覆、渗透与反渗透、演变与反演变的斗争是影响世界,影响我国的最大变数。要高度重视中美战略斗争的长期性、全面性、严峻性和复杂性,做好中美战略对抗升级和应对爆发局部战争风险的充分准备。既要争取合作的可能,又要为准备战争做好一切准备,准备越充足,合作的可能性越大。做好"开展具有新的历史特点的伟大斗争"的一切思想上、理论上、政治上、经济上、军事上和实际上的一切准备。

我们一定要团结在以习近平同志为核心的党中央领导下,做好充分的思想准备,认清时局,沉着应对,丢掉幻想,准备斗争,迎接更大的挑战,争取更大的胜利。

责任编辑:张　燕
封面设计:胡欣欣
责任校对:吕　飞

图书在版编目(CIP)数据

国际金融垄断资本主义论/王伟光 著. —北京:人民出版社,2022.9
　(2023.11 重印)
ISBN 978－7－01－024798－4

Ⅰ.①国…　Ⅱ.①王…　Ⅲ.①垄断资本主义-研究　Ⅳ.①F038

中国版本图书馆 CIP 数据核字(2022)第 093156 号

国际金融垄断资本主义论

GUOJI JINRONG LONGDUAN ZIBENZHUYI LUN

王伟光　著

人 民 出 版 社 出版发行
(100706　北京市东城区隆福寺街 99 号)

北京汇林印务有限公司印刷　新华书店经销

2022 年 9 月第 1 版　2023 年 11 月北京第 3 次印刷
开本:710 毫米×1000 毫米 1/16　印张:13.5
字数:200 千字

ISBN 978－7－01－024798－4　定价:62.00 元

邮购地址 100706　北京市东城区隆福寺街 99 号
人民东方图书销售中心　电话 (010)65250042　65289539